新型师生学习共同体

——本科生全程导师制的创新与实践

江苏科技大学生物技术学院 编著

江苏大学出版社
JIANGSU UNIVERSITY PRESS
镇 江

图书在版编目(CIP)数据

新型师生学习共同体：本科生全程导师制的创新与实践／江苏科技大学生物技术学院编著. — 镇江：江苏大学出版社，2021.3
ISBN 978-7-5684-1578-1

Ⅰ. ①新… Ⅱ. ①江… Ⅲ. ①高等学校—导师制—研究—中国 Ⅳ. ①G649.21

中国版本图书馆 CIP 数据核字(2021)第 009140 号

新型师生学习共同体:本科生全程导师制的创新与实践
Xinxing Shesheng Xuexi Gongtongti:Benkesheng Quancheng Daoshizhi de Chuangxin yu Shijian

编　　著/江苏科技大学生物技术学院
责任编辑/张　平
出版发行/江苏大学出版社
地　　址/江苏省镇江市梦溪园巷 30 号(邮编：212003)
电　　话/0511-84446464(传真)
网　　址/http://press.ujs.edu.cn
排　　版/镇江市江东印刷有限责任公司
印　　刷/句容市排印厂
开　　本/890 mm×1 240 mm　1/32
印　　张/4.75
字　　数/150 千字
版　　次/2021 年 3 月第 1 版
印　　次/2021 年 3 月第 1 次印刷
书　　号/ISBN 978-7-5684-1578-1
定　　价/28.00 元

如有印装质量问题请与本社营销部联系(电话:0511-84440882)

前　言

习近平总书记在党的十九大报告中明确指出创新是引领发展的第一动力，是建设现代化体系的战略支撑。加快建设创新型国家是我国建设现代化强国的内在要求，也是解决新时代我国社会主要矛盾的必然选择。创新型国家建设离不开创新型人才培养，人才是一个国家综合实力的重要标志，也是国家强大最依赖的战略资源，归根到底，经济发展、社会进步、民主与法治建设，这些都离不开人的素质提高，离不开高等教育体制改革和制度创新。

2012 年 7 月，中国高等教育学会举办的“以学生为中心的本科教育变革”国际学术研讨会上，很多专家学者提出：在高等教育进入普及化阶段后，如何让众多学生成为主动的学习者，让他们对自己的学习更负责，是不同国家面临的共同问题。关注学习者动力构建、教学方式改革和教学结构改革已经成为高等教育改革的方向。

本科生导师制就是新时代我国高等教育改革和发展的制度创新，是高等教育发展与人才培养模式创新下的认知提升。本科生导师制即体现了自由教育的大学教育理念，强调学生的自主学习，自我教育，将同伴效应和教师的启发及引领有机结合，从而实现追求卓越的目标。本科生导师制的实施不仅有利于提高人才培养质量，有助于学生的身份认同和学业成功，从而更好的实现大学教育的目标。本科生导师制有利于增强教师的归属感和责任心，有利于提升教师工作价值，培育更多事业型教师。通过挖掘学生的潜能，实现师生优势互补，从而实现高等教育资源的优化配置，提高人力资源配置效率。

江苏科技大学生物技术学院依托中国农业科学院蚕业研究所的师资力量，实施本科生全程导师制，实现研究所科研资源反哺本科教学，弥补学工队伍不足，并通过专业教师的引导解决专业调剂入学的生物类学生专业认同不足和专业兴趣点低的现实问题。实施本科生导师制，呼应学校教育教学水平提升工程，尝试重构学生学习动力，提高本科生培养质量。

本书由江苏科技大学生物技术学院组织编写，第 1 章由王荃编写，第 2 章由邹金城编写，第 3 章由钱平、朱大林编写，第 4 章是钱平、邹金城、王荃三位合编。本书编写工作历时两年，首先由编写组经多次充分讨论，形成编写大纲，各位老师按照大纲认真编写。编写初稿完成后，集中统稿后经充分讨论修改，修改稿返回后交由审稿人进行审阅，再由编写组根据审稿意见进行修改后定稿。本书在编写过程中得到了西南大学鲁成教授、扬州大学李碧春教授的大力支持和帮助，在此一并致谢。

本书虽几经斟酌，但由于编者水平有限，书中还存在许多不足和不当之处，敬请各位读者提出宝贵意见。

本书编写组

2020 年 12 月

目　录

第一章　导师制的概述

一、　本科生导师制的思想渊源：博雅教育学说与苏格拉底法

本科生导师制是国内外各大高校采用的一种新式教育制度，近年来，受到社会各界的密切关注。18 世纪，本科生导师制与英国博雅教育学说和古典教育学说相结合，在自由、平等教育思想下，尊重个性，根据自身的兴趣爱好和学习条件，选择自己要学习的课程，实现差异化教育、自由化教育，促进学生自己的个性化发展，在注重学生创新意识的培养和提高学生自身能力的同时，也注重培养其创新精神。

最早提出古希腊博雅教育（Liberal Arts Education）的是约翰·亨利·纽曼。《大学的理念》一书是纽曼阐述博雅教育的“集大成之作”，纽曼也因此成了博雅教育的代言人。《大学的理念》一书共有 8 讲内容，其中 5 讲都包含博雅知识，由此可见博雅的重要性。1816—1845 年，纽曼一直在牛津大学，从最初的学生变成老师，再到后来的教授；从被指导到指导学生自主学习、自我提升。他是导师制的参与者，亦是受益者。他真正了解导师制，并从中学到了很多。美国的高校极其重视博雅教育，在四年制的大学里，所有的学生都被要求在大一、大二的时候接受博雅教育的熏陶，大三的时候才能修读自己选择的主修课程。博雅，拉丁文译为“适合自由人”，但其实在古希腊的历史文化中，只有社会及政治上的精英才能被称作自由人。纽曼曾引用亚里士多

德《修辞学》中几句很有特色的话“在人拥有的东西中，那些会结出果实的就是有用的；而那些倾向使人喜悦的就是博雅的。说会结果实，我指的是会带来收益；说使人喜悦，则是在有用之外不会产生任何东西”来解释并阐述博雅教育思想。

博雅教育的宗旨是“理智的教育”。纽曼说“大学的目的不在宗教，而在于理智的培育或者心智的训练，而心智的训练不是简单地获取，还要将知识从客观变成主观，从而变成我们自己的东西”，这就要求我们要养成一种哲学的心智习惯，不能局限于静态的知识层次，要将知识与知识之间的联系建立起来，用全局的、联系的、整体的眼光看问题。此外，博雅教育旨在培养具有广博知识和优雅气质的人，让学生摆脱庸俗、唤醒卓异。

纽曼的博雅教育学说在继承亚里士多德的教育思想的同时又有所突破，即继承与超越的二元辩证关系。纽曼对前人思想的继承和扬弃主要表现为：（1）他继承了亚里士多德对“知识自为性”的论证，但也强调理智美德存在局限性。（2）他继承了18世纪的绅士理想，但更加强调理智训练而非礼仪修养。（3）他继承了兴盛于19世纪初期的洛克的心智训练学说，但指出了理智训练的局限性和宗教在教育当中的位置。亚里士多德曾说：“博雅教育是专门为人的自由而设立的，它不应当具有适应性和职业性，而纯粹的以使用闲暇从事理智活动为目的。”① 博雅教育的目的是通过学习基本知识和技能，形成哲学的心智习惯、冷静的头脑、精致的品位、良好的判断力、批判思维、理性、正直等，从而培养出一个身体和心灵全面发展的精英。英国思想家约翰·穆勒曾说：“每件事都知道一点，有一件事知道得多一些。”② 《哈佛报告》中特别指出：“把各种特征当作重要的目标，是为了规定普通教育应如何进行以及哪些能力在普通教育的每个部分中应优先寻求。这些能力是：有效思维、交流思想、做出贴切的判断

① 沈文钦．纽曼博雅教育学说的历史渊源［J］．高等教育研究，2009，30(06)：32-37.

② 徐越湘．论博雅教育中的音乐教育价值［J］．艺海，2009（03）：86-87.

和分辨多种价值。"①

古希腊著名哲学家苏格拉底认为，知识只是一种自我认识，人不能不认识自然而只认识自己，并且人只有在外界的帮助下才能掌握自己头脑中固有的知识。他还认为教师的教学任务不是传授给学生现成的知识，而是要激发学生思考，帮助他们获取头脑中潜在的知识，从而发展学生的认识能力②。苏格拉底的学生柏拉图和另一位门徒把苏格拉底的一些言论、演说记录下来，形成了"苏格拉底法"，此法至今仍具有借鉴意义。这种方法曾向传统意义上的判断和设想提出挑战和质疑。"苏格拉底法"被认定为获取真理的途径，即仔细地设计问题，然后对答案进行批判，不断地进行修改。C. C. W. Taylor 在《论苏格拉底》中是这样评价的："苏格拉底方法通过与学生辩难来检验他们的信念，通过论证来修订这些信念，然后通过对所呈现的材料进行批判性反思找到解答。事实上，每个从事教师职业的人都会与苏格拉底方法产生某种默契。"③

柏拉图的学说中提到"产婆术"这一概念，指苏格拉底将自己比作"接生婆"，引导、帮助他的门徒们找到自我、提出观点，并对此进行批判。"苏格拉底法"的本质就是一种教师指导下的自主学习和自我教育。大卫·帕尔菲曼在《高等教育何以为"高"——牛津导师制教学反思》中提到，色诺芬《回忆苏格拉底》中记载苏格拉底曾说："与产婆一样，这至少对我来说是真实的……上天做主让我成为一个产婆……引导那些与我交往的人……起初一些人似乎愚不可及，但随着交往的深入，上天保佑所有人最后都取得了惊人的进步……但他们从未从我这里学到什

① 吴锵. 从博雅教育、通识教育到人文素质教育——兼论理工科大学的人文素质教育［J］. 南京理工大学学报（社会科学版），2004（02）：71-75.

② 陈宪恩，牛蒙刚. "苏格拉底法"探析及其现代意蕴［J］. 成才之路，2010（18）：19-20.

③ 姜国钧.《高等教育何以为"高"——牛津导师制教学反思》镜诠［J］. 大学教育科学，2012（05）：119-124.

么。更确切地说，他们已经从自己的内部发现了许多优秀的东西，并把它们生产出来。至于生产，上天和我就是负责此事的。”

教育的确是一个相对高级的词，意味着对我们的情感与智力起作用，是一种人格的形成，是永久的。我们把传递知识作为教育来讨论时，的确是把知识当作一种心智状态的。有一种知识，不产生任何东西却值得追求，因为知识本身就是财富，也是对多年辛勤学习的报答，这就是博雅哲学的结论。

二、 西方导师制的萌芽——牛津大学

追溯西方历史，英国牛津大学最早出现导师制。牛津大学的导师制以本科生学习为主旨，主要实践模式为导师辅导个别学生，这一教学制度是牛津大学的制度保障①。学者迈利特说：“在现代高等教育机构中，牛津大学最为完整地体现了学院制的传统”，“产生于牛津大学早期的导师制，所蕴含的关于学院导师对学生的行为和教学负责的观点，是学院制思想的自然发展”。导师制使学院能够更有效地实现其教育功能，且学院为导师提供了施展才能的舞台，促使其能力不断发展强大。导师制在牛津大学各学院得以实行，牛津大学是世界上完整地贯彻学院生活的一所古老的、传统的大学②。导师并不以学业指导为主，而是要对学生的道德、经济、生活等多个方面进行指导。虽然现在牛津大学的导师很少对学院中的学生进行一对一指导，但是学院导师的主要职责还是帮助学生制订学习计划，促进学生学业的进步③。

国内外学者对牛津大学导师制的起源有几种不同的观点。第

---

① 赵勇，赵婷，黄琦. 建立有北京城市学院特色的本科生学术导师制度——牛津大学本科生导师制的启示［J］. 经济研究导刊，2013（03）：310-311.

② 杜智萍. 牛津大学现代导师制之历史探析［J］. 教育评论，2011（02）：151-154.

③ 王兰香. 分类分段的本科生导师制探索——以南京晓庄学院为例［J］. 现代教育科学，2015（07）：140-143.

一种观点认为，牛津大学于中世纪产生导师制的基础，并形成传统；第二种观点认为，由于苏格拉底是采用问答教学法的先驱，并且导师教学是通过师生间的问答进行的，所以牛津大学导师制起源于古希腊的苏格拉底；第三种观点认为，牛津大学导师制是在学院形成之后才产生的；第四种观点认为，牛津大学的导师制产生于 18 世纪，是 1722 年英国皇家委员会在报告中提出的。之所以会产生各种观点是因为对导师制的概念的理解不同，但不管持有怎样的观点，不可否认，牛津大学的导师制在近现代高等教育的发展中发挥着积极、重要的作用，在培养人才、学生成长、老师发展方面不可或缺。

探究牛津大学导师制的起源，还需从牛津大学及其学院的产生说起。牛津大学起源于 12 世纪中期，早期的牛津大学并没有完整的教育系统和稳定的教学制度，直到 12 世纪末期，牛津大学才产生了有序的法律和神学的教学，并确立了牛津大学“总学”。

13 世纪初，尽管巴黎大学禁止了亚里士多德哲学和科学，但牛津大学仍然坚持发展这一学科，并逐渐成为其发展的中心，以至于在 13 世纪前半期，牛津大学做出了卓越的学术贡献，从而有别于且独立于巴黎大学。再说到学院制。13 世纪上半期，牛津大学和巴黎大学为解决贫困学生的住宿问题及对那些分布于整个市镇的学生进行训练和管理，采取了确保每名学生都由特定的教师负责其经济开支和日常行为，但是学生必须聆听教师讲座的解决办法。13 世纪后期，类似这种包括学生、导师和资助者的三角式安排开始以按教会命令建立的牛津大学各学院为基础，这时便出现了导师制的雏形。

14 世纪后半期，导师开始对学生的经济行为进行监督和指导。14 世纪后期和 15 世纪，学院中的导师只负责院内学生的发展，而不涉及学院外的学生。这一时期，学院的院士通过担任导师可以获得来自学院和学生个人的双份薪酬。在威廉威克姆之前，莫德林学院没有建立正规的导师教学，1500 年后，新学院开始招收自费本科生。

15 世纪，这一时期的导师制长期处于自发发展状态，学院的模式开始出现制度化，出现了 creditor（债权人）、informatores（提供知识点）、guardian（保护者）等词。学院导师的出现是“学院系统的自然发展”①。15 世纪末 16 世纪初，牛津大学的大部分本科生一直都处于世俗学院之外，学院仅容纳本科生群体中的很小一部分。

16 世纪，学院成为一种本科生教育机构。16 世纪到 17 世纪末期，牛津大学又扩增了很多学院。牛津大学在扩增学院的同时，也不断地在实现其本科化的发展。学院不再是学者们排外的小团体，而是变成了培养和教育年轻人的场所，本科生在学院所占的比重也有所增加。随着学院的不断增多，图书馆数量的持续减少，学院承担了越来越多的教学责任，因此，牛津大学渐渐地发展成为学院制的大学。牛津大学导师制也随之普遍建立起来。

但是牛津大学早期的发展并不是一帆风顺的，它也经历过衰落期。18 世纪是整个欧洲大学的衰落期，此时的牛津大学也经历了一个相对低潮的发展时期。在这一时期，本科生人数大幅度下降，管理制度、纪律和教学模式松散，狭隘的教权主义，重文轻理的课程设置。贵族教育观及能力低下的导师，加上学生们的不上进和导师的不作为，牛津大学的导师制度在不断衰退。但是，对于 18 世纪牛津大学的导师制度还是要一分为二地进行评价。一方面，尽管此时的导师制发展得并不理想，但是牛津大学不仅一直保持着导师制作为学院基本教学制度的地位，而且依然在坚守大学独立地位和培养社会人格方面做出了巨大的贡献，也因此为后来牛津大学导师制的巩固和发展提供了可能。另一方面，这一时期导师对贵族子弟的纵容与偏袒是真实存在的，也是因为导师对待教学的慵懒和懈怠，在一定程度上加剧了学生人数的减少和牛津大学导师制度的衰落。毋庸置疑，18 世纪牛津大学导师制度发展中的种种弊端给后来近现代高等教学的改革和发展提供了

① 杨庆伟. 牛津大学本科导师制及其对我国高校实施本科导师制的启示［J］. 西部素质教育，2018，4（16）：160-161.

有力的依据。

19 世纪初到 20 世纪 70 年代，牛津大学着力于改革，现代导师制多元化的发展趋势在牛津大学得以体现。尽管实行现代导师制，但牛津大学为了适应现代教学，也在不断地做出改变。悠悠岁月中，牛津大学曾发生过无数次的教育变革，但导师制都被保留了下来。由于长期与各种因素融合与抗衡，牛津大学的导师制发展成为一种独具特色的本科教学制度。导师的形象也有所改变，不再是最初单纯的“教书匠”，而是现代大学中同时从事教学工作与科学研究的学者。导师职能中不可分割的一个组成部分是科学研究，科研活动也与导师的教学紧密地结合起来。牛津大学的导师从传统走向现代，便源自这种研究者角色的确立和科研观念的形成，一个专业化的职业——真正具有现代意义的大学教师①。

牛津大学本科教学的核心和基础是导师制。大卫·帕尔菲曼说：“在过去的几百年间，牛津的导师制教学方法一直被誉为镶嵌在牛津皇冠上的一颗耀眼的宝石。”② 首先，从文化根源上看，牛津大学导师制深深扎根于英国经验，从其早期发展逐渐现代化，再趋于成熟化的发展过程之中，这一独特的传统教学制度最大限度地承载着根深蒂固的贵族情结。牛津大学的导师制不仅仅是一种教学制度，还被赋予了极其深厚的文化意蕴。其次，牛津大学导师制蕴含的科学的教育理念也得以沿袭至今，如重视培养学生独自思考的能力、尊重学生个性发展、强调师生相互交流合作等。圣约翰学院的导师摩尔将牛津大学导师制的成功归之于多方面的因素，如关注学生个体发展、师生之间的合作，以及对待

---

① 杜智萍. 牛津大学现代导师制之历史探析［J］. 教育评论，2011（02）：151-154.

② 姜国钧.《高等教育何以为“高”——牛津导师制教学反思》镜诠［J］. 大学教育科学，2012（05）：119-124.

知识的独特见解等①。据悉，牛津大学的导师在教学中其实并不关注教授学生知识的多少，而更注重培养学生独立思考的能力。大卫·帕尔菲曼在《高等教育何以为“高”——牛津导师制教学反思》中提道：“这种教育是在学生内心进行一种谆谆教诲的过程，使之形成能让他们终身受益、至关重要的批判性思维，这正是高等教育何以为高的最本质的体现。并且，这种教育就是应该在大学里继续进行的、有别于大学之前的其他教育阶段的教育目的和形式。”这正是牛津大学导师制的精髓所在。历经历史的长河，无论其形式发生怎样的变化，这种对教育教学的理解是始终如一的。鉴于导师制所具有的科学性，导师制成为一种极具价值的大学教学制度。最后，从其制度方面来看，牛津大学能够很好地将现代社会高等教育发展的新需要与个别教学的传统有机结合起来。牛津大学导师制灵活的机构和过程是牛津大学得以保持其旺盛生命力的关键②。牛津大学导师制的教学传统一直以来都不是静态的，总能够根据社会的需求而不断地自我革新，并保持其自身特有的形式。这一灵活性主要表现在两个方面：一是导师职业角色的多元化；二是导师教学模式的多样化。牛津大学相信导师制，并且鼓励导师运用和发展自己的教学风格和教学方法。这一灵活性使得导师制在面对各种挑战和冲击时，能表现出强大的生命力，从而能有效地将现代与传统结合起来，不断适应现代高等教育的发展。

历经数百年的发展，牛津大学的导师制在人们心中仍然有着不一样的地位，仍然是莘莘学子个人发展和教育方面不可或缺的。

---

① 杜智萍. 牛津大学本科生导师制教学模式探析［J］. 大学教育学，2006（06）：50-53.

② 杜智萍. 牛津大学现代导师制之历史探析［J］. 教育评论，2011（02）：151-154.

三、 中国导师制的启蒙——古代浪漫主义和理想主义

牛津大学的教学理念和教学模式为现代高等教育的发展提供了丰富的经验。学院制和导师制这一伟大制度创建了牛津大学世界一流大学教学模式的典范，这是牛津大学为人津津乐道和引以为傲的标志之一，也为后来我国高等教育指明了发展方向①。

中国古代教育发展史上耸起的第一座高峰便是先秦时期。众所周知，先秦时期是中华文化的起源阶段，是我国古代文献资料整理的初始阶段，这一时期不仅涌现出孔子、孟子、荀子等儒家教育大师，而且为后世留下了《大学》《学记》《吕氏春秋》《管子》等经典著作。后人对这些著作做了大量研究。如对于《大学》，教育史学界认为其构成了一套“修己治人”的封建道德教育体系；张瑞璠认为其只集中于道德教育方面，而忽略了“自我教育”“慎独”等教育理论和方法；孙培育则指出格物致知是对先秦儒家知识来源思想和学习起点思想的总结。再如对于《学记》，教育史学界对其“建国君民”“化民成俗”等教育作用的思想进行了系统论述，另外一些期刊论文也对其学术渊源和教育思想有较多论述②。这些经典著作为中国古代教育思想的形成和进一步完善奠定了坚实的理论基础，为当今的教育改革提供了积极、有益的思想武器。

我国早在先秦时期就出现了现代本科生导师制的思想。本科生导师制强调对学生的个别辅导，强调培养学生独立思考的探究能力，这与我国古代先秦时期伟大的思想家、教育家孔子的“因材施教”不谋而合。孔子的因材施教建立在他对学生特性深入认识的基础上，根据学生的个性特点和差异性选择相应的策略进行有针对性的指导教学，比如《论语》一书中“学而不思则罔，思

---

① 王忠堂. 牛津大学的学院制和导师制及对我们的启示［J］. 教育教学论坛，2012（01）：13-15.

② 刑雅鑫. 先秦教学文献中的教育思想研究［D］. 华中师范大学，2018.

而不学则殆”的学、思并重思想，以及“教学相长”的主张，都可看作导师制的思想萌芽。

春秋战国时期，以春秋为界，我国古代的教育形态分为官学与私学。春秋之前是“学在官府”，为官学。春秋末期，战乱四起，诸侯争霸，各诸侯国为扩张势力、维护自己的统治地位，实行了“尊贤”的政策，采用“养士”“选士”的办法。战乱中流落四方的“士”阶层读书人变为“尊贤”的主要对象，各诸侯都积极争取“士”来为自己效力，“士”阶层读书人的社会地位发生了根本性的变化，导致“学在官府，学术官守”的官学逐渐衰落，被“学在四夷，学术下移”的私学取而代之①。

在官学教育下，教育逐渐成为一种专门培养人的社会活动，主要的教育活动形式为学校教育。夏朝建立的学校以军事教育和伦理教育为主要内容。《孟子》中有“设为庠序学校以教之；庠者，养也；校者，教也；序者，射也。夏曰校，殷曰序，周曰庠，学则三代共之，皆所以名人伦也”的记载。《礼记》中也有“序，夏后氏之序也”的记载。商朝关于学校的记载较为详尽丰富，这一时期的学校已经具备祭祀和礼学职能，《孟子》中出现“学”“序”等指代学校的名称。《礼记·王制》中将“学”分为“左学”和“右学”。西周时期便形成了独具特色的依附政治的教育模式——政教合一，文武兼备，学在官府。这一时期的学校制度较为完备，在《礼记·大学》《礼记·学记》《礼记·王制》中均有所记载。

在私学的影响下，西周末年，《诗经·郑风》形象地描绘了官学出现了衰败现象；春秋时期记载中很少见到官学，“鲁僖公能修泮宫”与“郑子产不毁乡校”是关于春秋官学的叙述。春秋时期诸侯争霸战争不断，王室贵族和奴隶主自顾不暇，无法再顾及学校，加之奴隶主贵族的土地国有制逐渐被封建地主阶级的土地私有制所取代，学术开始走向民间，被官府私藏的典籍文物和

① 刘蓉. 中国古代书籍制度［J］. 华夏文化，1996（04）：38-39.

文化人流落社会，原先的官学垄断教育局面被打破，各种思想和文化知识开始传播和普及，形成文化下移现象，为后来“百家争鸣”的历史局面奠定了坚实的基础。

四、 近现代导师制的发展

（一）西方近现代导师制的发展

1. 英国学徒制

二战后，随着经济全球化和科学技术的进步，英国原有的职业结构和劳动力市场无法再适应经济发展的需要，社会对劳动力的技术性、知识性要求越来越高；而政府对职业教育采取长期放任的政策，使得英国经济和就业都面临危机。因此，英国政府开展学徒制改革，整合企业、行业协会，结合学校的力量，培养经济发展所需的技能人才。

在英国学徒制的长期发展中，可以看出其经历了两个明显不同的模式。以 1994 年“现代学徒制”实施为界，英国学徒制可以分为传统学徒制和现代学徒制两个不同阶段。从 12 世纪出现学徒培训，英国学徒制已经有了 900 多年的历史。第一次工业革命之前，行会主导、师父带领的学徒制为英国手工制造业的发展起到了积极的作用。1993 年，英国政府提出了“现代学徒制”的概念，通过一系列政策改革完善现代学徒制，提高企业、学生的学徒制参与度，提升学徒培训的质量，从而缓解英国社会的就业问题，促进英国经济的稳定发展。在近 30 年的改革过程中，英国现代学徒制已经成为一种职业教育制度，有完善的法律法规，有负责运行的专门机构，有统筹校企共同利益的结构化设计，有严格的监管模式，有受市场认可的资格证书。

20 世纪 70 年代以来，英国和澳大利亚的建筑行业经历了类似的结构变化，但英国建筑行业的学徒制逐渐衰退，澳大利亚的建筑行业学徒制却得到了较好的保留。保罗 · 瑞恩等人研究了英国、德国和瑞士的钢铁加工行业，认为学徒的工资差异取决于工会的力量、雇主组织的强大程度、学徒数量、学徒培训合同规定及公共培训补贴；在对比过程中，也指出英国的雇主组织力量、行业组织力量相对德国、瑞士较弱。

21世纪以来，知识经济时代的到来和人才供需间技术鸿沟的凸显，使得英国对高层次应用型人才的需求急剧上升。由此，2015年3月英国保守党和自由民主党联合政府宣布开展学位学徒制计划。性质上，学位学徒制计划是现代学徒制的高级层次，目的在于培养社会所需的高层次应用型人才，实质是基于国家社会经济发展需求的、以职业实践为主、学校学习为辅的教育模式[①]。

希拉里·斯蒂德曼从人数规模、培训体系、实施情况、资金状况等对英国学徒制与其他国家学徒制进行对比，发现英国现代学徒制的数量标准过少考虑企业主和学徒的需求，使得现代学徒制并不能满足社会经济和行业发展的需求。相对于德国、瑞士等国家，英国现代学徒制在法律规定、学徒培训的质量保障、政府与企业的合作方面仍然存在许多不足之处。想要进一步推动现代学徒制的发展，就必须完善相关法律和标准，解决这些方面的问题。希拉里·斯蒂德曼比较了英国与其他欧洲国家的学徒工资，发现英国学徒工资高于其他实施双元制的国家。但是，英国学徒制的培训时间更短，培训质量更低。高工资、短时间、低质量的学徒培训对于企业和政府来说都是不小的成本负担，直接影响企业参与学徒制的动力。关晶将英、德两国的现代学徒制异同进行了对比。她认为，在工业革命前，英、德学徒制的发展历程几乎是相同的。工业革命后，英国学徒制因为政府的放任逐渐衰弱，而德国则在政府、行业、学校等利益相关者的合作探索中，形成了双元制的学徒制形态。在这样的历史因素影响下，英国现代学徒制缺乏足够的需求引导，仍然处在政府单方面推进的尴尬局面中。菲利普·特耐尔对比了英国和澳大利亚建筑行业的学徒制。

受第四次工业革命的影响，经济增长的驱动力正在转变，部

① 许艳丽，李文. 英国学位学徒制及其启示［J］. 高教探索，2018（10）：43-49.

分行业领域的人才供给状况难以满足企业与社会经济发展的需求，人才紧缺。据英国工业联合会（Confederation of British Industry，CBI）2019 年的报告，数字技能型人才已供不应求，而 95% 的企业预计他们对数字技能型人才的需求仍将继续增长。与此同时，公共部门的劳动力短缺也困扰着英国政府，仅英国国家医疗服务体系（National Health Service，NHS）中的护理职位就约有 36 000 个空缺。除此之外，接受高等教育且拥有学位越来越重要。英国就业与技能委员会（UK Commission for Employment and Skills）发布的《英国劳动力市场展望：2014—2024》报告显示，到 2024 年，近 54% 的工作将由受过高等教育的人承担，且所有职业的平均准入资质和技能水平要求也将提高。为满足社会经济发展对人才的需求，顺应高等教育普及化趋势，以政府为主导，结合企业、学生等各方利益诉求，英国学位学徒制于 2015 年 9 月正式实施。它既是英国现代学徒制发展层次的上移，又是高等教育界和产业界的创新性探索与合作，其实质是基于国家社会经济发展需求且在高等教育界进行的职业实践与学校学习相结合的合作教育模式。一方面，它丰富和升级了英国现代学徒制，将大学纳入了应用型人才培养体系，为无法由传统路径进入大学的年轻人和想要继续学习的成年人提供了培训机会；另一方面，其为英国社会经济的发展提供了人才保障，通过将学位学徒的专业设置、教学设计与市场需求挂钩，来助力劳动力市场规模和结构的完善，从而实现国家经济的持续繁荣。遵循时间逻辑，学位学徒制以学徒的准入为起点，以完成学业为终点，对学位学徒制简略扫描，以期构建其完整图景。就性质而言，学位学徒属于公司雇员，学徒不仅无须缴纳学费，而且每月可获得与其职位相匹配的工资。学位等级方面，作为学徒制的升级，其对应英国国家资格等级中的 6~8 级，也就是说，学位学徒有机会获得学士、硕士甚至博士学位。其中，第 6 等级相当于获得学士学位，第 7 等级相当于获得硕士学位，第 8 等级则相当于博士学位。准入资格方面，学位学徒制的申请人须是具备普通教育高级证书（A-level）

或英国商业与技术教育委员会（Business & Technology Education Council，BTEC）颁发的资格证书的高中毕业生、完成较低级别学徒生涯但希望进一步发展的学徒及企业员工。同时，企业和大学还会以面试的形式对申请人进行筛选。教学标准方面，任何学位学徒制的开展都要以存在相匹配的学位学徒标准（Apprenticeship standard）为前提，学位学徒标准相当于教学目标和指南，为学徒的培训、考核内容的设置提供参照依据。学徒标准由企业主导，由专业机构（如行业协会、第三方评价机构等）、培训提供者、国家资格授予组织等多元主体参与而组成的“开拓者”团队负责开发，而后经国家学徒服务中心审核，认定通过才能正式使用。教学形式方面，大多采用非全日制形式，雇主可以和大学自行协商选择合适的教学模式（如远程学习、脱产进修、半脱产进修、模块学习及混合学习等），同时兼顾工作场所的职业技能实训。教学内容方面，学位学徒制课程主要分为两类：一类是以文学、数学为主的通识类课程；另一类是与职业知识和技能相关的课程。学徒的学位和资质授予方面，大学为合格的学徒授予学位和颁发职业资格证书，同时，大学应对高等教育质量保障机构（Quality Assurance Agency，QAA）、资格与考试管理办公室（The Office of Qualifications and Examinations Regulation，Ofqual）负责，以确保终极评估的质量。

2. 德国双元制

德国的学徒制在“学徒”的概念上就有别于其他的国家，学徒不只是职业身份，同时也带有浓重的宗教与道德色彩，承担某种使命的伦理意义。这使得德国的学徒教育不仅考虑到了学徒的技能问题，也考虑到了学徒的终身性问题。德国的学徒制培养，考虑的是学徒本身所从事职业需要具备的技能，而不只是去迎合某个企业、某个岗位而做专门化训练。在德国人的职业观念中，学徒制必须考虑的是“广泛的基础职业知识，以及完成一项职业活动所需要的知识和技术技能”。因此德国各个层次的政府、企业与行业进行深入探讨，制定了严格的技能培训条例，从而保证学徒能受到严格有效的训练；同时扩大学徒的培训层面，对于诸多基础技能都进行了广泛的推广，鼓励技工们积极学习。为了弥补完整的基础职业技能培养上的不足，德国同时注意对学徒在整个职业生涯中的需求技能进行完整的培训，从而使得学徒精益求精，能够胜任高难度的职业需求，同时也开拓了学徒的知识结构与整体素质，使得学生对于技艺的整体性有了了解与把握，免于学生心智上的异化。德国学徒在技校的学习并非其学习生涯的结束，他们还必须在企业接受完整的训练。具体的工厂操作可使学生理论联系实际，同时也促进了学生的职业化进程。德国也对技工行业提高了准入标准，只有完成成套学徒制训练的人才有资格取得从业资格证。

双元制将政府、学校、行业、企业与工会连接到了一起，通过协商的方式共同制定行业规范，共同沟通各自的利益诉求，共同商讨市场的新变化与新需求。其中，雇主的利益由行业来代表，学徒也有自身的利益代表，即工会。学徒的津贴也由行业与工会共同商讨决定，在事务的处理上雇主、雇员及其学校都拥有共同的代表人数得以进行利益诉求。

德国的双元制并非企业与学校并重，而是企业主导学徒培训的主要过程，拥有更大的指导权力，学校更多的是处于辅导的地位。企业安排培训的标准、内容及时间，一切围绕职业培训条例进行运转。同时，学徒培训大部分时间以企业作为主要场所，学校与企业在学习实践的时间安排上并不对等。关于学习内容的安排，学校仅仅是作为辅助，负责学徒的理论学习与相关文化知识的学习；企业则承接全部的技能训练。相比于其他大部分国家政府专项资金大力扶持企业接收学徒实习，德国的企业则是自身承担起绝大部分培训成本。之所以能做到这一点，一方面是德国对于学徒工进行了区分，学徒和职员之间在薪资津贴上有较大差距；另一方面是德国的企业有足够的社会责任感，明了德国双元制健康运行的重大意义，同时社会舆论与商业舆论都对企业拥有办学培训资格持赞许、敬重的态度，这也刺激着企业积极承担起技能培训的责任，从而树立优秀的企业形象。

德国的教育体系也积极保证职业学校对优秀生源的吸收。德国至今依然保存着主体、实科与文法学校的教育结构，这种教育分流最重要的是使得双元制能够始终获得相对良好的教育生源，同时在整个社会氛围与学历体系中都让职业学校拥有足够的地位。优秀生源源源不断进入双元制，扎实的理论知识学习与文化知识涵养，也使得德国工人有着更加优秀的工作能力与钻研精神。德国本身拥有对于职业教育天然的热情，整个社会氛围高度认同职业学生的社会地位，对于这类学生身上展露出来的一技之长有着充分的赞许与尊重。同时，德国企业对于学徒的培养有着天然的使命感，积极将自身投入国家的职业培训中去，保证了国家技工体系的健康运行。

3. 澳大利亚现代学徒制

澳大利亚在 1996 年启动的现代学徒制也是“新学徒制”，一般认为它是一种综合体，即将传统学徒制和受训生制纳入其下进行升级改造的丰硕成果。作为“基于企业的‘学徒制’”的源头存在于传统行业，其招收学徒依据是非正规的口头协议及不成文的传统规则，学徒的入门级水平至少为澳大利亚国家资格框架（2005）3 级或 4 级证书，以保证文化课学习具有较好基础，成就高质量的技工水平。受训生制的出现则晚于传统学徒制，它是一种“基于现代企业的‘学徒制’”，通常以商业、金融服务、保育等第三产业，即服务业为主，学徒的入门级水平稍低，在澳大利亚国家资格框架（2005）2 级和 3 级证书水平浮动。由于是基于职业变革速率较快的现代企业，因而相比较而言，受训生制的稳定性较差，具体表现为任何一方都可以“单方面解除培训合同”。

改革后，现代学徒制取其精华，去其糟粕，在继承“传统学徒制”和“受训生制”优点的同时，克服其弊端，一方面保持了二者都是基于工作场所的学习形式，集培训和就业于一体，给予企业在学徒培训的内容、方式方法及培训时间上更大的自主空间，企业参与度大幅度提高，稳定性进一步增强；另一方面从制度上保障学徒在企业学习期间能够给个人、所在企业及社会发展带来经济效益。现代学徒制是一种经济有效、实用性与针对性强的职业教育途径。从广阔的国际视野来看，“现代学徒制”也是有效应对全球化背景下“经济激烈竞争”与“科技创新周期极度缩短”等挑战的职业培训与就业完美结合的新招数。

进入21世纪，澳大利亚政府提出职业教育发展的“技能立国”新理念，现代学徒制顺应澳大利亚经济与社会发展需求，表现出极高的适切性。首先，它遵循个人先天的职业性向，为个人发展提供与其天赋相适应的发展道路，从而降低青年失业率。其次，它很好地协调教育培训和就业体系的关系，降低学员从学校到工作的门槛，提高了中小企业对优秀人才的吸引力，从而提高了企业竞争力及职业教育吸引力。

因此，澳大利亚政府十分青睐现代学徒制，站在国家战略高度推动制度建设，尤其是制定全国统一的“培训框架”，重金资助现代学徒制实施单位及学徒个人等制度，推动澳大利亚现代学徒制的健康发展。首先，政府高度重视，设立专门机构。现代学徒制的顶层设计者是澳大利亚国家培训署（Australian National Training Authority）及国家产业技能委员会（National Indust Skills Council）。国家产业技能委员会的职责是收集“产业培训需要信息”，开发“培训包”，提供“培训实施建议”，等等。它们是政府、学校和行业在职业教育发展中的合作纽带，体现了职业教育跨界的本质，确保学徒制能够在科学、合理的治理架构内稳步发展。

其次，“国家培训署”制定全国统一的培训框架（The National Training Framework）。澳大利亚现代学徒制是以培训包为基础、在全国统一的培训框架下开展、完成的学徒培训制度。“培训包”的设计旨在突显学徒培训的跨界需求，将工业界规定的“能力”和“评估指导原则”作为国家证书文凭标准，将学徒培训过程与企业需求完全建立连接。培训包开发主体为“国家产业培训委员会”，其内容由国家各相关“专业培训理事会”及其顾问组织根据产业发展需要来确定，并根据劳动力市场的变化而不断修订。目前来说，其内容主要包括职业能力标准、职业培训标准与考核评估标准三大部分。为确保培训包的一致性和全面性，不仅职业培训标准与职业能力标准高度统一，在国家层面职业能力标准还有共同的表征方式。2002 年年底，澳大利亚的所有产业都有了相应的“培训包”。

最后，政府对现代学徒制实施单位及学徒个人进行资助。经济关系是澳大利亚学徒制的关键设计。联邦政府和州/领地政府为实现“绿色技能”立国的方针政策，积极推进现代学徒制走上康庄大道，满足经济社会对高技能人才的需求，实现“以客户为中心”的理念，志愿为现代学徒制高额的经费成本买单。任何机构、企业，一经国家培训署认定合格，均可承担学徒培训任务，均可得到联邦政府的经费资助。被企业雇用的学徒可以从企业领取一定的工资。除此之外，联邦政府还志愿支付学徒的其他保险、福利、培训费等。据统计，澳大利亚联邦政府每年向澳大利亚“现代学徒制”直接提供 12 亿澳元经费资助。此外，各州和领地政府也都有配套的追加投入。根据研究成果显示，现代学徒制质量高低主要取决于以下 4 个要素：一是政府、雇主代表、工会、学徒等利益相关者之间形成可持续发展的对话关系，以合理、有效地解决学徒制结构系统中的所有问题；二是所有利益相关的行为主体具有明确的角色和清晰的职责定位；三是建立健全融资机制，参与各方拥有清晰、合理的成本分摊标准，并确保财政支持的长效性；四是加强立法，为各利益相关者提供切实可行的运作框架。现代学徒制是一项系统工程，涉及经济、人力资源、教育和行业多个部门，需要专门的政策指导、制度建设、专业服务机构和专项资金支持。1996 年至今，澳大利亚政府为提高现代学徒制质量，始终注重以上 4 个方面的建设，推动现代学徒制不断晋级、完善。

4. 美国导师制

美国导师制模式以哈佛大学为代表。美国曾作为英国的殖民地，效仿英国大学建立起第一所高校哈佛学院，并承袭了英国大学的自由教育理念、培养目标、课程设置，其中也包括效仿和学习英国模式的导师制，哈佛学院虽未从整体上复制英国的导师制，但仍延续了这一中世纪的传统。哈佛大学认为大学一年级是高中学习、生活向大学学习、生活过渡的关键时期，为使学生顺利过渡，尽快适应大学的学习、生活方式，哈佛大学规定由新生办公室主任、副主任及主任助理负责为学生处理各种日常关系，如室友关系、同学关系、师生关系等提出建议，并为学生的个人生活和学习提供指导。除此之外，哈佛大学还设立了由教师团成员、行政管理者、文理学院研究生和专业学院学生组成的新生导师委员会，为学生的选课和专业学习提供指导。同时，每幢新生宿舍楼配有学监，学监与新生居住在一起，方便为新生提供指导。

每幢本科生宿舍楼都安排有舍监、奥尔斯通布尔高级导师、教师团准成员、导师等。其中，舍监负责管理宿舍楼的所有事务，如任命宿舍工作人员、布置宿舍楼的整体基调等，保证学生有一个良好的学习、生活环境。高级导师为学生健康与学术方面的事务提供指导与帮助。导师分为住宿导师和非住宿导师，导师的主要工作是动员与组织学生参加各种课外活动，为学生的专业学习提供帮助和指导等。

受莫雷尔法案与德国的影响，教师们将精力越来越多地放在教学与学术研究上。随着院校规模和复杂程度的不断提高，教师在研究和服务方面的要求也越来越高，传统的教师职责逐渐“松绑”，产生了新的角色和职位，其中之一便是学术导师。凯尼恩学院校长对学术导师给予了极大的认可。从卢瑟福写给他母亲的信中可见一斑：现在学校确立了一项我非常喜欢的新制度，即每个学生都可以从教师中挑选一位自己喜欢的老师作为他的导师，所有事情上均可寻求他们的帮助，亦师亦友，导师既是我的保护者也是我在文理学院毕业的导师。

20 世纪初，美国的高校在选修制结合本国国情的状况下完善导师制，至此出现了现代意义上的本科生导师制。20 世纪 20 年代，瓦萨学院、卫斯理学院的导师制成为这一时期的成功案例，同时完善各种新生辅导制度，如新生周、新生导师的配备等。美国导师制模式的特点：第一，导师制是一种学生学习、生活的辅导制度，是课堂教学制度的必要补充，这与牛津大学的导师制是一种教学制度有很大的区别；第二，导师更多地体现为一种职能，而非一种特有职称，舍监、学监、训导主任等都对学生的学习与生活提供指导，他们都可以被称作导师。

随着 20 世纪 30 年代和 40 年代学生支持制度的激增，在导师制指导过程中提出了“以学生为中心”的理念。这一理念于 1949 年由美国教育委员会发布的学生人事工作宣言（简称 SPPOV）中提出：教育的概念应扩大到学生的身体、社交、情感、精神及智力关注。学生作为活动的积极参与者，应对自己的行为负责，而不是被动的接受，接受社会政治、经济、宗教影响和培养所需的职业技能。学生人事工作宣言确立了学术指导的合法性，以及在高等教育中对个人、职业和就业的指导。不同高校间的导师开始比较他们的学术指导活动时，学术指导成为一项可检验的活动。这种比较最先是 1977 年 10 月在佛蒙特州伯灵顿举行的全国学术指导协会上提出的。具有开创性影响的是克鲁克斯顿、奥班宁等人在其文章中提出“指导”这一概念术语，并讨论指导是什么，以及如何指导，将学术指导的模式归结为规定性指导模式和发展性指导模式。

下面介绍一下普林斯顿大学模式

普林斯顿大学成立于 1746 年，是世界著名私立研究型大学。目前，普林斯顿大学是住宿制学校，规模相对较小，根据 2015 年官方统计，普林斯顿大学在校学生总数为 8014 人，本科学生 5323 人，研究生 2691 人，其中国际学生 682 人。普林斯顿大学并没有像其他大学一样广泛地设置研究和专业课程（graduate and professional program）。比如，普林斯顿没有法学院、商学院和医学院，但是其提供的研究生学位在很多学科都是最优秀的专业。

普林斯顿大学致力于为民族与国家的建设培养人才。19 世纪末，为了满足社会对高等专业人才的需要，美国各高等院校均开始发展研究生教育。而这一时期研究生教育方面最具影响力的便是哈佛大学开创的自由选修系统，它鼓励课程的多样化及教师在多方面的专业化。普林斯顿大学继承并发扬了这一传统并且延续至今，希望能够为民族与国家培养出优秀的人才。这样的人才不拘泥于某一专业的学科领域，而能够很好地根据自己的兴趣与条件开展深入的研究，最终是为了适应社会的发展与国家的需要。在普林斯顿大学 150 周年校庆时，威尔逊教授发表了题为“普林斯顿——为国家服务”的讲演，其中提到“一所大学如果要在国家的历史上占一个位置，需要的是其服务国家的精神”。

普林斯顿大学 250 周年校庆时，又进一步提出了“为世界服务”的口号。1969 年，美国教育协会发布的研究报告中提到了 26 个系，普林斯顿大学有 20 个系的培养项目排在全美前 10 名之内，有 12 个系排在前 3 名之内，数学和哲学两系被公认为首位。1919—2011 年，普林斯顿大学先后有 30 多位师生获得诺贝尔奖，其中数名学者的研究引发了学术界的革命。目前，普林斯顿大学的师生每年都会产生数十项影响全球各个领域的重要科研成果，为世界科学文化进步与社会经济发展做出了巨大贡献。

20 世纪初，学院和大学的注意力不仅集中于课程本身，还集中在教学方法上。普林斯顿大学在威尔逊校长的领导下，导师制和研讨会制得以发展。时至今日，在当前高等教育的国际化背景下，普林斯顿大学仍然坚守着导师制与研讨会制。在这个过程中，以导师制为基础，导师是核心，并设有指导委员会，能对学生的学习与科研进行有针对性的辅导，主要负责为学生制订学习和科研计划、安排课程教学、设计研讨会，以及进行论文指导和评定。同时，学生在多样化的课程学习中会接触到其他任课教师，而这些任课教师也有义务与责任教导学生，从不同角度为学生提供全面的指导，最大限度地保证了本科生的培养质量与综合竞争力。一个合格的本科生一定要具备独立思考的能力，而学校要为这种思考与交流创造条件，普林斯顿大学便做到了这一点。学校要求学生每天必须参加下午茶会，下午茶时间是教师与学生平等交流、讨论问题、探究学术的时间，许多的思想和观点在互相争论，甚至争吵中散发出智慧的光芒，激发大家的思考，使得学生们善于思考，这便为日后学生成为行业精英打下了坚实基础。

（二）我国近现代导师制的发展

1. 我国本科生导师制发展史

我国本科生导师制的初始阶段是 20 世纪 30 年代始到新中国成立时期。在这一时期，浙江大学率先开始实施本科生导师制。浙江大学以牛津大学本科生导师制为基础并提出以下几点方法：第一是导师与学生要每周到食堂共餐一次，导师留心注意学生的生活；第二是所有导师要每月开一次会；第三是每位导师所带的学生不能超过 12 名；第四是三年级和四年级的学生只能以本系的教授为导师；第五是导师应该随时与学生谈话，解决其困惑。

我国本科生导师制的发展阶段是中华人民共和国成立到 20 世纪末。中华人民共和国成立后，我国高等院校效仿苏联的管理模式，导师制暂时退出了我国的大学制度。20 世纪 90 年代初期，我国由计划经济逐步向市场经济转变，一些高校对教学管理制度进行了改革，本科生开始实施学分制与选课制。学分制是一种可以衡量各门课程对某学位标准发挥功能的教学管理制度，根据课程内容进行学分的计算。尽管对于学分制人们还存在怀疑，但选课制的推进和对指导老师的需求，使学分制成为导师制的实施能够顺利完成的必要条件。因此，我国本科生导师制又逐渐在一些高校中运作起来。

我国本科生导师制的快速发展阶段是 21 世纪初至今。进入 21 世纪，我国进入高等教育大众化时代，学分制的教学模式在越来越多的高校得以实行，高校培养学生的目标定位更多的是创新能力、自主学习和对问题的解决能力。继浙江大学、北京大学实施本科生导师制之后，全国各地的高校掀起了实行本科生导师制的热潮。但一些高校实行的学分制与本科生导师制实质上属于教学辅助制度，并没有真正从教育层面进行探讨，所以离科学的、真正意义上的本科生导师制还有一段距离。

2. 导师制的类型

根据大多数研究人员对我国高校导师制实施基本情况的考察，我国本科生导师制可以做如下划分：按学习时段可分为全程导师制和年级导师制；按导师工作任务分为思想政治教育导师制和科研导师制。

全程导师制指从大一开始导师就带领学生，从思想道德、生活和学业等方面对学生进行全方位指导和帮助，直到其完成本科学业。其中，包括导师对学生生活问题的解决、对专业发展前景的探讨、对课业完成的点评、对学业规划的设计，以及对其未来工作的指导。浙江大学、清华大学、武汉大学实行的便是全程导师制，对于低年级的学生，导师主要是在其作业、选课、课程、调查等方面进行指导；对于高年级的学生，主要是鼓励其进行社会调查、社会实践，完成调查报告，培养学生动手和创新的能力。在培养过程中，导师帮助学生树立起正确的三观。全程导师制一般一名导师只能带 5~10 名学生。

年级导师制，也叫高年级导师制，一般指从三或四年级开始，导师根据学生的兴趣爱好，为学生确立发展方向，带领学生进行科研实践，挖掘学生潜能，培养学生独立完成科研的能力和创新能力。年级导师制就学业方面来讲，主要为了帮助高年级本科生学习和实践，把理论知识应用到实践中去。如南京林业大学的高年级导师制，一般也由一名导师带领 5~8 名学生。

思想政治教育导师制。学分制实施后，部分学校对学生在思想上放松了管理，导致学生集体意识浅薄，只注重学分的多少而忽略道德修养；高中毕业刚进入大学的新生，突然间处于“自由”状态，有些学生不能承受这种心理变化，需要有人对他们进行思想教育。思想导师制重视对本科学生进行思想政治方面的教育，帮助其解决思想上的问题，树立正确的三观①。这种制度仅仅对学生的思想和道德进行教育，缺少对学生独立创新精神和专业学科的培养，只有与其他培养制度同时进行才有利于在大学中的开展。

科研导师制，主要指导师指导三年级以上的学生从事科研实践探索，与年级导师制部分相似。导师依据学生的特长和爱好指导学生进行实验，能够增强学生独立创新的意识，加强学生的实践能力。科研导师制对培养精英人才有极其重要的作用。

3. 我国部分高校本科生导师制的特点

（1）我国部分高校推行的本科生导师制的特点

目前，我国部分高校实施的本科生导师制本质上是教学管理制度的一种辅助制度，多限于比较粗略地指导学生的研究设计和专业学习。我国部分高校本科生导师制不是从学生教育管理层面来探讨，与完全地指导学生生活、品行、学业的导师制相比有些差距。因此，它具有如下几个方面的特点：

一是精英教育的辅助手段。当前部分高校实行的本科生导师制只是一种精英教育式的手段，导师只辅导少部分优秀、学校重点培养的本科生。

二是以学业指导为主。部分高校实行的导师制主要针对本科生的学业指导、课程选择和跟着导师进行的一定的科研研究，主要培养学生的学术钻研能力、创新能力，重在导“学”，而不是全面地进行引导。

三是重学业不重德。导师一般不过问学生的思想教育、行政管理，而是将之归责于班主任或辅导员，这便容易使学生产生不重人格和道德修养、只重学业的错误想法，这是非常不利的，会给学生的全面教育带来危害。

四是本科生导师制的精髓是“从游”。就像大鱼带着小鱼学

① 卜叶蕾．思想政治教育视域下本科生导师制实施及对策［J］．北京教育（德育），2018（11）：55-58.

游泳一样，本科生导师制的实行，在于提升本科生的科研兴趣和科研创新能力，实现全方位、全过程育人①。

（2）本科生导师制学生管理模式特点

一是主体的多元性。在导师辅导学生的过程中，学生是锻炼自我、追求个体全面发展、吸收知识的主体，导师是指引学生智慧健康成长的主体。导师之间由于自身的知识结构、思维方式、思想认识水平、道德修养、对教育规律的认识和把握程度等方面的差异，必定会导致工作重点、方式、效果的不同，被辅导的学生，也会因为智力因素、思维方式、思想状态、心理特点和学习基础等而有所差异，因此导师与学生之间的活动与要达到的目标就会有不同。

二是工作形式的多样性。导师制具有多元性主客体，所以在辅导学生的过程中通常会尽可能采取适合学生成长的方式，导师的工作形式也会呈现多样化。

三是导师工作内容的丰富性。学生管理制度在于指导学生健康成长、成人、成才。它的内容是丰富的，内涵是深刻的。它包括：① 对学生思想政治、法纪、诚信和文明的教育，指引学生树立正确的三观，及时对学生的思想动态进行了解，解决其思想上的问题和心理问题。② 指导学生根据自身兴趣爱好、特点和社会需要，正确地认识自己，合理定位，确定自己的发展方向，有针对性地选修课程，制订学习计划，发挥个人特长。③ 指导学生发奋读书，端正其学习态度，树立良好的风气，掌握科学的学习方法，加强对学习有困难的个别学生的辅导。④ 帮助学生解决在生活中遇到的困难，以适应大学的生活环境②。

4. 我国本科生导师制的实践探索

在我国现代高等教育中，博、硕士生的培养方式一直是导师

① 嵇小怡. 高校本科生导师制学生管理模式的研究与实践［D］. 华东师范大学，2006.

② 曾凡东，卢秉利，燕霞. 本科生导师工作评价指标体系及构建［J］. 湖南文理学院学报（社会科学版），2004（06）：96-98.

制，可以全方面培养学生，提高学生的综合素质和能力。实践表明，导师制是很值得探索与实践的教育形式。我国现代高等教育院校普遍实施导师制以来，取得了显著的成效。本章将会就部分高校对本科生导师制的探索及实施成效进行叙述。

（1）浙江大学

1937 年 7 月 7 日，日军发动卢沟桥事变，对华展开了全面侵略。日军接连攻打东南沿海地区，浙江大学所在地杭州也未能幸免于难，浙江大学作为文化单位必然被日军当作轰炸的主要目标。浙江大学的师生沿着长征路向西南搬迁，告别了杭州，开始了长达 8 年的艰苦文化之旅。尽管形势严峻，但浙江大学仍然在炮火声中坚持开课。直到一年级的新生按原计划搬迁至西天目山禅源寺，才又开始了正常的教学生活。这一时期，师生们朝夕相伴，导师制便在浙江大学大一新生中率先实施。每位导师带领数名学生，不仅方便了老师对学生的解惑答疑，而且导师与学生常常畅谈、交流思想，还会群出到野外散步，探讨人生、追思自然。时间久了，学生们被导师为人的学问、处事的方法和态度潜移默化地所熏陶，便养成了优秀的品德操守①。二、三、四年级全部迁移到建德后，也开始实施导师制。导师制实施一段时间后，由于成果显著，当时浙江大学的校长竺可桢决定在浙江大学的全体学生中实施导师制，这一决定弥补了现行教育制度中德育的不足，使得训教合一，从而达到培养“转移国运”之人才的目的。在战争时期，浙江大学成功推行导师制，对师德的重建、学生人格的健全和创新能力的培养具有很强的现实意义。

以浙江大学城市学院为例，在基于导师制的教学管理方法创新的教育中，实施导师制最大的优点是为学生提供与导师近距离接触的机会，以适应因材施教的原则。过去学院的部分学生反映，教和学是脱节的，平常难得见上老师一面。在导师制管理模式下，学生不仅可以常常与导师交流，而且可以直接参与到导师

---

① 田慧. 浅议竺可桢德育观［J］. 青年时代，2019，（08）：139-141.

的课题中，从而调动了学生学习的积极性。同时，开展实施导师制对于学生的毕业论文是有利的。学生二年级伊始，导师就可以设计好学生接下来三年的专业学习指导方案。在导师制发展的过程中，学院发现了数据、教学资料等在导师制班级与行政班级之间的不一致，以及教学活动在组织、安排中的难题，便对其进行了改进。如管理体制上要保证统一和协调，以解决导师制班级和行政班级的数据对接问题；再如最大限度地利用网络化和信息化管理手段来实现有效的教学管理，以解决导师制班级存在的许多实现规范化和标准化管理的难题；又如制订专业的培养计划、教学管理流程规范化、课程教学规范化，以使得教学管理有效地辅助教学的发展，提高教学质量①。

（2）北京大学

北京大学从 2002 年起开始推行本科生导师制，之后其他高校纷纷效仿。至今，北京大学已经有 18 个院系实施着各具特色的本科生导师制度，覆盖人文、理学、社会科学、经济与管理、信息与工程科学五大学部和跨学科类院系。从各学院本科生导师制设计上看来，大多数院系在新生入学时就匹配导师，之后学生和导师进行沟通交流。各院系导师制的区别主要在于是否随着专业方向的选择和年级的升高而更换导师。元培学院和物理学院结合自身实际，设计了独具一格的本科生导师制度。

北京大学导师制实施的成效：第一，师生对本科生导师制认同度普遍较高，这表明通过导师的付出和努力，导师制在从无到有的过程中已经被大学生广泛接受并被期待。第二，通过导师的指导，大部分学生都能够有所收获，学生在导师制中所收获到的也较为全面，涵盖了心理、生活、学习、就业等多个方面。北京大学本科生导师制实施现状表明，在过去 18 年推进本科生导师制的过程中，本科生导师制的实施已经取得了显著成效，但在实

① 曹玮玮，苗沂，张湖锡. 基于导师制的教学管理方法创新——以浙江大学城市学院为例［J］. 高等工程教育研究，2010（S1）：92-94.

施过程中仍然存在一些问题①。

（3）南京大学

南京大学在着力于顶尖型创新人才的培养、适应高等教育改革发展趋势和实施本科生导师制方面做了许多探索。1985 年，南京大学成立少年班，经过了 4 个发展阶段，后来改名为匡亚明学院，其培养模式为“以重点学科作为依托，按学科群夯实基础，以一级学科方向为分流，贯通本科及研究生教育”，对国内高等教育产生了重要影响。匡亚明学院依照大理科的模式开展教学，本科生四年级时，为学生设置科研训练课程和选修课程，在科研训练的一年中便实行导师制。学院鼓励学生按照自己的兴趣爱好和特长主动联系导师，在导师的指导要求下进行科学研究。2010 年教育部启动“拔尖计划”，南京大学作为入选的 19 所高校之一，对于入选“拔尖计划”的学生，按照师生比大于 1∶5 的比例为每位学生配备德能兼优的学术导师，“长江学者”、院士和杰出青年基金获得者都可能成为学生的导师②。

2009—2010 学年，南京大学全面开展“三三制”本科教学改革，把“创办中国最好的本科教育”作为目标。为更好地促进学生个性发展，培养高素质拔尖创新人才，全面提高本科教育的优秀率和合格率，提高学生的实践能力，培养学生的创新精神和综合素质，一些院系也在积极实施本科生导师制。

南京大学实行导师制的整体状况：第一种是开展以院系为主导的导师制；第二种是针对全校项目的导师制；第三种是针对进入“基础学科拔尖学生培养计划”的学生施行的导师制；第四种是本科生跨专业的学术型研究计划。目前，南京大学各个院系普遍开展了分散开来的本科生导师制和各种专项的导学。但在全校内，由于体制和机制上存在困难，因此没有普遍适用的导师制指导文件。

---

① 高静，宋昊天，代瀚锋. 本科生导师制实施状况调查研究——以北京大学为例［J］. 北京教育（德育），2018（06）：20-23.

② 叶俊飞. 南京大学“大理科人才培养模式”研究［D］. 南京大学，2014.

查阅有关南京大学本科生导师制实施现状的调查研究文献发现，本科生导师制实施过程中所出现的问题可以分为学校层面、院系层面和学生层面。

学校层面，本科生导师制在实施过程中主要存在两个方面的问题：一是导师的时间和精力有限并且面临着新的挑战；二是缺少普遍适用的导师制指导性文件，导师制处于一种相对杂乱的状态。学校领导提出的改进想法是：出台普遍适用的导师制指导性文件；建立立体化的导学体系，促进导师制作用的发挥；依托教学发展中心，重视导师的培训；重构大学理念及文化，真正地把人才培养放在最根本的地位。

院系层面，新闻传播学院、文学院、大气科学学院、匡亚明学院、现代工程与应用科学学院等几个学院，几乎涵盖了本科生导师制的各种类型。各院系在实施导师制过程中存在的主要问题是：学生相对被动，导师科研教学压力大，双方不能形成很好的交流体制；对导师的激励机制不够完善，缺少对导师的考核体制。学院由此提出的改进想法是：第一，希望学校可以提供支持性条件，让导师投入更多的精力到对学生的指导中去。对导师进行培训，并且对学院导师制的实施提供经费支持；第二，明确导师的工作职责，对学生提出要求；第三，完善导师的激励体制，帮助导师树立正确的教育教学理念。

学生层面，学生对导师制的构想和需求表现在以下几个方面：学生在学业指导和职业生涯规划指导方面需要导师；学生在导师资格方面最看重导师的责任心，希望能加强和导师之间的交流；部分学生对导师提出了更高的需求，如希望导师不仅是学术导师，更应该是人生导师①。

（4）河北师范大学

具有百余年发展历史的河北师范大学坐落于河北省石家庄市，是一所省部共建的省重点大学，在本科生教育模式中积极探

① 代姗. 南京大学本科生导师制调查研究［D］. 南京大学，2016.

索与实践，实施了一系列教学改革。在进一步完善学分制管理中，河北师范大学充分发挥教师在学生培养中的主导作用，尊重学生个性化的差异和学习主动权，因材施教，因地制宜，提高人才培养质量。从 2005 级开始，河北师范大学就为本科生配备了学业导师，实行导师制。同时，学校还制定了《河北师范大学全日制本科生导师制管理办法》，对导师选聘办法和程序、组织领导和管理、导师工作考核、导师工作职责等 4 个方面做了规定，但是规定比较泛化，可操作性并不强。河北师范大学本科生导师制的实施使本科生获益良多。

河北师范大学的教师对本校导师制的实施也进行过相关研究，以问卷的形式对河北师范大学本科生导师制的实施效果进行了调查（表 1-1）：

表 1-1　河北师范大学本科生导师制实施效果

选项	学生		导师	
	人数（人）	比例（%）	人数（人）	比例（%）
很好	41	10. 8	41	47. 7
一般	179	47. 0	42	48. 8
不太好	136	35. 7	1	1. 2
很差	25	6. 6	1	1. 2
缺失	0	0	1	1. 2

如表 1-1 数据显示，学生认为本科生导师制实施效果很差的占 6. 6%，不太好的占 35. 7%，一般的占 47. 0%，很好的占 10. 8%。导师认为本科生导师制实施效果很好的占 47. 7%，一般的占 48. 8%，不太好及很差的都占 1. 2%。导师与学生认为本科生导师制实施效果“很好”这一选项的数据出入较大，但从总体来看，无论是导师还是学生大部分都认为河北师范大学本科生导师制要落实到实处，不能流于形式，应不断地探索适合于本校的

本科生导师制发展模式[①]。

(5) 贵州民族大学

贵州民族大学文学院 2012 年在本科生中启动“导师制”工程，从背、读、写等几个方面入手，强化人文传统基本训练，把综合素质作为学生学业考核的一个重要方面。这项工作对学生非常有意义。此项工作，到 2017 年为止，连续实施了 5 年，分别在 2012 级、2013 级、2014 级、2015 级、2016 级学生中实行。从实施效果来看，总体上较好。教师的指导首先促进了学生优良学风的形成，使其进一步认识到自己的发展目标和任务，能够在课后合理安排学习和休息时间，把绝大部分课余时间都用在学习上，去图书馆的学生更多了，爱读书阅读的学生也变多了；其次，提升了学生发展的自我满意程度。文学院学生总体素质比较好，绝大多数学生自我约束能力增强。

5. 本科生导师制的意义

(1) 实施本科生导师制，可以搭建师生交流的平台[②]。导师对学生的言传身教和正确引导，能够使学生更加明确肩负的责任，从而树立远大理想，能够帮助学生德、智、体、美、劳全方位成长。

(2) 在本科生导师制下，个性化教育更易实施。由于导师辅导的学生较少，因此师生间更易建立起亲切、平等、自由的关系，从而有利于导师对学生进行个性化引导，学生也才有机会更深刻地了解各专业，做出合适选择[③]。

(3) 本科生导师制能有效弥补目前班级管理的缺陷。目前的班级管理是宏观管理，方法主要是抓两头、促中间。实行本科生

---

① 郭莎莎. 本科生导师制实施现状、问题及对策研究 [D]. 河北师范大学，2016.

② 王贝，冯丽娟. 本科生导师制实施平台建设论析 [J]. 教育教学论坛，2018 (31)：15-17.

③ 韦耀东，邓如平，黄丽. 实施本科生导师制培养创新型人才 [J]. 西北医学教育，2007 (06)：1002-1003.

导师制后，每位教师负责几名学生。不管学生在班级处于什么样的状态，都有教师进行悉心指导。从教师的角度来说，本科生导师制有利于更好地开发教师人力资源，充分实现教师的职业价值甚至人生价值，因为教书育人是教师的根本的任务和最终的价值体现。

6. 我国本科生导师制存在的问题

目前，我国本科生导师制存在以下问题：

（1）导师制与学分制的配套问题。导师制是学分制实施的必要条件，但是导师制可否独立存在，这也许是个问题。如果可以单独存在，那么与学分制下的本科生导师制有多大的差别，是否在所有的本科学校都可以推行本科生导师制，是否可以允许多种形式的存在？

（2）本科生导师制的工作职责问题。本科生导师的职责包括学业指导、生活指导、职业生涯辅导、心理辅导等，但是本科生导师真的能承担所有的职责吗？而且有些职责中国高校的本科导师可能完成不了，比如职业生涯辅导对于他们来讲还是很有难度的。

（3）导师指导学生的数量、工作量考核与报酬问题。本科导师指导多少学生才合适是个问题。本科导师工作量考核在整个工作的考核中应该占有多大的比重，是否应当作为强制的、必需的工作，是否应该与职务晋升相联系，都是需要探讨的问题。

（4）本科生导师制与辅导员之间的工作配合问题。政治辅导员的主要工作应该在思想政治方面，但是导师工作也要育人，两人的工作具有重合性，如何协调好是个问题。政治辅导员是我国特色的制度，今后也将长时间存在下去，怎样使导师和辅导员工作更好地配合，需要在实践中好好研究和探索。

因此，建立完善的导师制度，合理安排导师工作职责显得十分重要。我们认为导师应定期按时上交导师工作规程、导师年度或学期工作计划、导师工作日志、导师活动调查表及导师考核档案等有关材料。同时，学院应结合学院实际，制定相应的规章制度和激励机制，指导和监督本科生导师制的有效运行，把导师的工作与报酬、职称评聘或职务晋升结合起来。对成绩突出的导师应在年度评优、在职进修、职称晋升等方面给予倾斜，学生的表现要与课外创新学分、奖学金评定、入党、免试研究生等挂钩，以充分调动导师和学生的积极性①。

---

① 刘月秀，谭仕林，徐正春. 本科生导师制的实践与探索［J］. 黑龙江高教研究，2005（08）：115-117.

第二章　本科生导师制的理论基础

一、　本科生导师制的理论依据

（一）本科生导师制的哲学理论依据：苏格拉底“产婆术”

1. 苏格拉底教育理论

作为“古希腊三贤”之一的苏格拉底，是著名的思想家、哲学家、教育家。他为西方哲学做出了巨大贡献，被后人认为是西方哲学的奠基人。不幸的是，他被雅典法庭以莫须有的罪名处以死刑。然而，即使面对死亡，苏格拉底也没有妥协，因为他始终坚持一个信念——他引以为傲的雅典法律不能为金钱所玷污，即使是死也要捍卫雅典法律的权威。

纵观苏格拉底的一生，虽然没有建立过任何一所学校，他却对教育事业做出了巨大贡献，他有丰富的教学实践经验并形成了自己的教育理论。虽然没有固定的场所，但苏格拉底可以在任何地方施教，如教堂、庙宇、广场、商店、作坊，任何人也都可以成为他的施教对象。不论是谁，只要向他求教，他都乐意传授，没有年龄、阶级、智力、金钱和工作类型限制。苏格拉底认为，治国人才必须受到良好的教育。伯利克里去世后，雅典急需治国人才，为了培养治国人才，苏格拉底付出了毕生的心血。与当时智者不同的是，他的教育不计任何报酬。

在教学内容上，苏格拉底有自己独特的主张。首先他认为要以德育人，“立德树人”，先学会做人再学会做事；其次他认为不仅要教人广博的知识，这些知识还得实用，治国者必须要有广博的知识才会受人尊敬、被人赞扬；最后，他还教人强身健体，健康的身体对体力活动和思维活动都十分重要。

在教学方法上，苏格拉底也有自己独特的见解。经过长期的教学实践，苏格拉底形成了一套独特的教学方法。在教学过程中，苏格拉底与学生就某个感兴趣的话题一起讨论时，学生提出自己的观点，苏格拉底并不会直接判断对错，而是通过问答的方式，提出另一个问题让学生去思考和解答，在这“一来一回”的过程中，使学生自己悟出正确答案。这一教学方法在后来的课程改革中衍生为启发式教学方法。

提到苏格拉底，就不得不提他的得意门生柏拉图。有一次在开学第一课上，苏格拉底对同学们说：“我们今天只做一件事。”说着，他做了一个示范，将自己的手臂往前甩了一下，再顺势往后甩了一下，并告诉他们：“就像钟摆一样，你们每天能坚持甩手臂 300 次吗?”在场的同学们相视一笑，觉得这事情非常简单，都应声答道：“能做到!”一年后的某一天，当苏格拉底再次提到这件事情时，仅有一个学生坚持了下来，这个学生就是柏拉图。苏格拉底用这样一件简单的事情来教导自己的学生坚持的重要性，并且答应别人的事情，无论有没有人监督，都应该坚持下来，持之以恒。虽然这样花费了一年的时间，但远比直接告诉学生要坚持做事、做人诚实的效果好得多，并且使学生终生难忘。

在世界上享有盛誉的苏格拉底，却认为自己的知识并不丰富，而他又想教会别人知识。这是一种辩证关系的矛盾。他认为知识并不是他灌输给人的，而是他人本来就具有的，称之为“胎”，只是他们自己不知道，而苏格拉底自己就像一个“助产婆”，帮助别人获得知识。问答法就是苏格拉底经常采用的“助产术”，在问答中，苏格拉底认为自己是无知的，对对方提出的问题并不给予正面的、直接的回答，而是以提问的方式揭露对方提出的各种命题和矛盾，以此动摇对方论证的基础，指出对方的无知。这种方法被称为“苏格拉底讽刺法”，后人把这种方法称为“产婆术”，由爱利亚学派的逻辑推论和爱利亚的芝诺的反证法发展而来，在这种反向思维形式中揭露出矛盾的辩证思维和积极的成果。苏格拉底在与人交流谈话时偏重发问，而不是直接回答对方提出的问题，他以谦和的态度帮助对方抽丝剥茧，以厘清对方的思路，使对方逐渐发现真理并发现自己的错误。“苏格拉底讽刺法”在西方哲学史上是最早的辩证法①。

2. 苏格拉底“产婆术”在本科生导师制中的应用

本科生导师制运用的哲学技术就是苏格拉底“产婆术”。本科生导师制视域下，导师与学生的沟通方式通常为一对一的交流，导师给学生一个论题、研究方向或者学生自己提出一个感兴趣的话题，学生在查找和收集资料过程中形成自己的观点和想法，然后与导师进行沟通和交流。在交流过程中，导师会提出新的观点和想法，让学生继续去收集和整理资料来解决问题。在这样反复的过程当中，学生逐渐形成和掌握了解决问题的方法，形成正确的概念和结果。导师制的精髓正是苏格拉底的“产婆术”。一是二者都采用问答的方式，与班级授课制不同，导师并不是把知识和答案直接灌输给学生，而是学生自己提出感兴趣的话题与导师进行交流。在这样一个过程中，学生逐渐加强了自己独立思考的能力。二是苏格拉底的这种方法还体现了一种对待知识的批判性思维。在教育内容上苏格拉底主张以德育人，即学会先做人后做事。大学是一个思维碰撞的圣地，无论秉持什么样的信念或者观点，总有人会对它感兴趣，去研究它、批判它，甚至提出质疑。因此在大学里，要是一味地死记硬背，就失去了自己的判断能力和独立思考能力，同时也失去了创造性思维能力，导师制的实施很好地印证了这一点。批判思维是创造性思维的核心，我国一直致力于培养创新型人才，导师制的实施注重批判思维的培养，有利于培养创新型人才。

---

① 王雪萍. 我国普通高校实施本导制的问题与对策研究［D］. 淮北师范大学，2017.

（二）本科生导师制教育学理论依据

1. 自由教育理论

自由教育是古代东西方教育形成的一个共识。崇尚自由、追求理性是孕育牛津大学本科生导师制的沃土，强调自主学习他人美德，以此为镜加强自身修养。因此，自由教育是当时社会对育人的需求。

关于自由教育理念，康德曾说："一切知识都需要一个理念，哪怕这个理念是很不完备或者很不清楚的。但是，这个理念，从形式上看，永远是个普遍的、起规则作用的东西。"① "理念"是一个综合性的哲学概念，是人们对于某一事物或现象的理性认识、理想追求及其所形成的观念体系，具有定性、延续性和指向性②。自由教育理念主要体现在以下 4 个方面：第一，自由是自由教育的终极目标，同时自由也是人奋斗的终极目标。皮科在《论人的尊严》的演说中谈道："人奋斗的目标是使自己获得自由，拥有更多选择的权利，用自己的双手成就自己的理想。"③ 而教育是培养具有自由能力和自由意识的人，凸显自身的价值，从人身自由到思维自由再到理想自由，实现真正意义上的自由教育。第二，自由教育注重培养人的理性思维。人与动物最基本的区别在于具有思考问题的能力，自由教育的目的在于发展人的理性思维。第三，基础性和普适性是自由教育的基本。孔子以"六艺教人"，西方以"七艺育人"，无不体现着自由教育的基础性和普适性，在人全面发展的基础之上，通过自由教育，根据人的个性化发展，找到实现自我的专业定位，职业教育由此产生。第四，自由教育下传授的知识也是自由的。它并不局限于固定的课程、固定的技能，而是一种启发、一种习惯、一种思考能力，包

---

① 北京大学哲学系外国哲学史教研室. 西方哲学原著选读（下卷）[C]. 北京：商务印书馆.

② 韩延明. 理念、教育理念及大学理念探析 [J]. 教育研究，2003，9.

③ 加林. 意大利人文主义，李玉成译. 北京：生活·读书·新知三联书店，1998.

括心智、理性、价值观等[①]。

（1）关于自由教育的几种典型理论

第一，亚里士多德的自由教育理论。自由教育是由亚里士多德总结的古希腊教育传统，它是指对自由公民所施行的，强调通过自由技艺的学习进行非功利的思辨和求知，从而免除无知愚昧，获得各种能力的全面发展，以及身心和谐自由状态的教育。亚里士多德的自由教育有两个突出的互相联系的含义：① 以受教育者具有闲暇为前提，又以受教育者充分利用闲暇为手段。② 目的在于探索高深的纯理论知识。亚里士多德认为，自由教育可以获得智力、道德和身心的和谐发展。他认为自由教育是“自由人”即奴隶主贵族所应享受的、以自由发展理性为目标的教育。他认为各种行业的实际操作是奴隶们的事务，这些有损于智力的发展。亚里士多德又认为，法律上的自由人，若醉心于狭隘的功利，学为干禄，则必然妨害对纯理论的钻研，同样也是不自由的。亚里士多德关于自由教育与职业训练的区分，反映了在古希腊，不同阶级和阶层的人只能享受不同的教育。亚里士多德的自由教育同其哲学、伦理学密切相关。他认为，非物质的形式是宇宙中的最高主宰，它是自然存在、终极目的和至善至美的始因，只有自由人的理性才能洞察其奥妙。全部事业中最高尚的、最自由的或最文雅的是理论的沉思和探索，这正是自由教育所崇尚的目标。亚里士多德的自由教育思想对后世影响颇为深远[②]。

第二，约翰·亨利·纽曼的自由教育思想。亚里士多德的自由教育比较完整地表述了自由教育的早期思想，然而在中世纪，自由教育仅仅留下了它的一个缩影。尤其到了文艺复兴时期，自由教育的传统得到了复兴，同时也被赋予了“文科教育”或“人文教育”的含义。同时，随着近代自然科学的发展和科学教育的

---

① J·H·纽曼. 大学的理想［M］. 徐辉，顾建新，何曙荣译. 杭州：浙江教育出版社，2002（6）.

② 刘连环，等. 本科生导师制探索与实践［M］. 北京：中国财政经济出版社，2018（6）.

兴起，自由教育思想在历史发展过程中有所变化和发展。19世纪纽曼所生活的时代，正是大学的自由教育与专业教育之争已成为各界争论的焦点的时代。当时专业教育逐渐兴起，社会普遍认为，大学教育应为个体将来从事的特定职业做准备，为个体适应未来的社会生活做准备。一些教育家如洛克、赫胥黎等主张大学应以专业教育取代自由教育，培养更为“实用”的专门人才，大学教育的功利性目的应受到关注，大学教育与社会之间的联系要增强，大学教育目标的实用特征应突出。他们反对以纯粹智力培养为目标的自由教育，认为自由教育与社会的脱节无助于社会的发展，因而主张大学教育应定位于专业教育而放弃自由教育。因此，纽曼对自由教育及其目的做了相应的界定。他认为，所谓“自由教育”，是指“通过某种教育，理智不是用来造就或屈从于某种特殊的或偶然的目的，某种具体的行业或职业抑或是学科或科学，而是为了理智自身进行训练，为了对其自身故有的对象的认识，也是为了其自身的最高修养。这一训练过程称作自由教育”①。就目的而言，他指出：“大学教育是通过一种伟大而平凡的手段去实现一个伟大而平凡的目的。它旨在提高社会的益智风气，旨在修养大众身心，旨在提炼民族品位，旨在为公民的热情提供真正的原则，旨在为公众的渴望提供固定的目标，旨在充实并约束时代的思潮，旨在便利政治权力的运用和净化私人生活的种种交往。”②

同时，纽曼就自由教育与专业教育的关系进行了深入的探讨。他认为：首先，自由教育与专业教育之间并不存在本质上的冲突，它们是可以和谐并存、相互支持的。自由教育即使是在使用的范围内也远远高于通常所说的实用主义教育。其次，即使专业教育通常包容了实用的名堂，自由教育也还是有它的必要性和

① 约翰·亨利·纽曼. 大学的理想［M］. 徐辉，顾建新，何曙荣译. 杭州：浙江教育出版社，2001.

② 同①。

实用性[①]。他还认为：实用主义者的实用教育是以损害个体的全面发展为代价的，而自由教育势必会把公民的塑造放在专业利益之前；而且，它在促进人类的善心这个更广阔的利益的同时，也会有益于顺利地实现那些纯粹是个人的目标。他还从另外一个角度说明自由教育与专业教育的关系。他认为，科学的内容是一个完整的、庞大的、客观的体系，而人的能力有限，人不能仔细学习所有的内容，因此知识才被人为地划分为若干科学领域。但每门科学都有它自身的价值和重要性，同时，每一门科学都须由其他科学来帮助、修正和完善，忽视任何一门科学都会影响整体学习效果。只有不使学生局限于某种专业或职业，对学生传授多个知识领域的知识，发展学生的智力，才能为学生的未来发展做好准备。因此他提出大学教育应进行“心智、理智和反思的操作活动”的“自由教育”（也称“博雅教育”或“文雅教育”），而不应该进行功利性的实用教育。他对自由教育和专业教育关系问题的论述，至今仍具有相当的启示性意义[②]。

第三，卢梭等人的自由教育理念。自然教育理论是卢梭教育思想的核心，他认为，自由教育的目的是培养具有自然天性的“自然人”，强调顺应人类天性的自然发展，遵循人类身心发展特点，尊重人的个性化差异。卢梭将教育理解为由“自然的教育”“人的教育”和“事物的教育”三个部分组成的一个有机体。后两者在遵循前者的基础上实现三者的有机统一。卢梭生物自然教育理论透露出天性至上的自由教育理念，同时这种把学生置于教育核心地位的以人为本的教育思想，是现代教育理论的开端[③]。

斯宾塞认为，教育就应该为生活做准备，学校的课程设置应该与生活联系。他认为，既然智力发展是有规律且不断变化的，

① 约翰·亨利·纽曼. 大学的理想［M］. 徐辉，顾建新，何曙荣译. 杭州：浙江教育出版社，2001.

② 杨培珍. 约翰·亨利·纽曼的自由教育思想简论［J］. 盐城师范学院学报（人文社会科学版），2005（04）：126-128.

③ http：//wenda. so. com/q/1371537270069959.

那么教学内容和方法就必须符合智力发展的规律。直觉、天性和兴趣爱好在个体生活中起着重要的作用，在教学中要尊重学生的天性、偏好和兴趣。像卢梭一样，斯宾塞严格区分“自然”和“人为”教育的界限，二者的区别在于：“自然”教育让学生通过感知、直觉感知、认识事物，从而直接获得经验；而“人为”教育则是把学生看成被动接受知识的“容器”。显而易见，“自然”教育遵循人的个性和发展规律而提供个性化教育①。

（2）自由教育与本科生导师制的关系

如前文所述，自由教育是一种古老的教育理念，它在遵循人个性发展的基础之上引导学生达到心智和思想上的自由，教会学生做理智判断和理性思考。本科生导师制是高校培养人才的一种辅助教学手段，高等教育本质上是通过自由教育来培养学生批判性思维的过程，因此自由教育理论为本科生导师制的实施奠定了理论基础。

本科生导师制实施的初衷是改善班级授课制，强调给学生提供个性化的指导，在师生平等的基础之上，通过相互沟通和交流营造自由的学术氛围，培养学生独立、理性思考和批判性思维的能力。由此可见，本科生导师制和自由教育理论在理念上具有内在的相适应性。导师制的实施不在于传授学生多少知识，而是培养学生独立思考、独立研究、不断挑战自我的过程，培养学生逻辑思维、理性思维能力的过程，本质上与自由教育理论引导学生达到心智上自由是相同的。

在高等教育招生规模不断扩大、班级学生人数迅速增加的情况下，老师与学生见面的次数仅为一到两次，而且基本上是以班级授课的方式进行的，加上好多高校老师需要跨校区上课，师生之间的接触在不断减少，老师给学生的“反馈”则更是少之又少，这无疑对教学质量产生了不可避免的影响。因此，导师制的实施在一定程度上可以契合当前的教学需要，保障师生“接触”

---

① 沃特·梅兹格.《美国大学时代的学术自由》，李子江，罗慧芳译，北京：北京大学出版社，2010.

和“反馈”的时间。将本科生导师制置于自由教育的理念背景下，我们可以发现自由教育新发展与导师制理念的变化密不可分。导师制所折射出来的教学理念是引导学生通过反思性学习，培育学生的理性思维和创新思想，并建立起师生间的有效互动，确保学生能充分参与学术对话①。大卫·帕尔菲曼在探讨高等教育中或大学里到底发生了哪些堪称高的变化，能够使之与其他教育形式（如基础教育及进修、大专或成人教育）相区别开来时提出，高等教育的关键在于其所包含的“自由教育”。高等教育之所以重要，在于它是一种让人们学会批判性思维及反思性思维的自由教育②。这正是导师制的核心。

2. 人本主义教育理论

人本主义教育思潮于20世纪六七十年代在美国教育思想中形成主流。它强调人的尊严和价值，强调无条件积极关注在个体成长过程中的重要作用。当时，以马斯洛和罗杰斯为代表的人本主义心理学家将他们的心理学理念引申到教育领域，并很快在美国及世界引起广泛关注。其核心思想来自人本主义心理学对人、人性及自我的认识，主要内容可概括为对学习者、教育目标、教育内容、教育方法、教育环境与氛围5个方面：

（1）关于课程设计和实践内容是根据学习者需求还是被动接受的思考。马斯洛认为，学习并不是对外界环境机械地做出反应、被动地接受所教的知识。教育的目标是人，帮助学习者达到“自我实现”是教育的最终目标。

（2）充分利用和发挥学习者的能力和潜能，帮助其学习如何适应个体生活。

（3）教育内容上注重帮助受教者获得生活所必须的技能。罗杰斯认为，在未来的世界，正确面对新事物的能力比知道和重复旧事物的能力更重要。因此，教学内容根据学习者的不同需求和

① 黄云. 自由教育理念下的本科生导师制度设计［D］. 江西师范大学，2012.

② 大卫·帕尔菲曼. 高等教育何以为“高”——牛津导师制教学反思. 冯青来译. 北京：北京大学出版社，2011.

个性进行设计，课程内容由学科转向个体需求，发挥学生的主动性和积极性，在教授学生能力的同时，注重其情感观及价值观的培养。

（4）教学方法上以学习者为中心，在“教”与“学”之间更注重“学”。教师在学生的学习、探索新的经历和新的方法方面提供一切可能的帮助；学习则需要学习者自己去体验和实践，并且进行自我评估。

（5）教育需要环境和氛围。人本主义教育者认为，如果要让教学有意义，首先，教学环境必须具有高度互动性，最好的有利于学习的氛围是“没有威胁”及“鼓励和关心学生成长”的一种氛围。教师对学生的态度应是接纳型的，而不是干涉型的。

人本主义思想理念认为学生才是学习的主体，教师主要职责是帮助促进学生的学习。因此，在教育教学过程中，要形成以教师为主导、学生为主体的师生关系，反对扼杀学生的好奇心和探索心，教师只有相信学生的能力，相信学生可以进行有效的自我学习，学习的本质才可以发挥到极致。本科生导师制的应用其实就是人本主义教育思想的延伸和继承。导师的作用是帮助协调学生学习的主动性，形成一个良好的学习气氛，在这个气氛中，导师其实充当的是引路人，学生自己在这条道路上自主学习。导师制提供了一个良好的平台，在这个平台上，教师和学生在平等的基础上教学相长，学生在教师的指导下更好地实现自身价值，找到学习的目标和自我实现的途径①。

3. 个性化教育理论（因材施教）

个性化教育是比较全新的教育理念，是针对当前传统教育弊端提出的新型教育方式。西方柏拉图、亚里士多德的教育思想、卢梭提出的“自然主义教育观”，以及杜威所倡导的“儿童中心论”、中国古代教育家孔子所提倡的“因材施教”教育理念无不闪耀着“个性化教育”的光辉。随着时代的发展，人本主义教育

① 何志武. 人本主义教育理论的主要观点及其应用［J］. 重庆科技学院学报（社会科学版），2010（11）：181-187.

理论的出现推动了个性化教育理论的发展，并且加德纳的“多元智能理论”逐渐形成，对正确的学生观和教学观的树立及实施因材施教理念有着深远的影响。

首先，个性化教育要将社会发展需求与个人需求充分结合，其目标是培养具有健全的人格、广博的学识、突出的能力、健康的身心、丰富的阅历和创新创业能力强的复合型人才。个性化教育的重点是从学生个体出发，塑造独立的人格，引导学生发现自我、认识自我，充分挖掘学生的潜能，发展学生多方面特性，尤其要重视培养学生的创新能力，提高学生的专业技能；其次，人才的最基本素质是成为“人”，要具备基本的道德规范和开拓进取、团队协作、诚信等基本品质，同时在身体素质和智力发展上有自我完善的能力，能够保持身心健康，这也是个性化教育所要追求的；最后，依据马克思的人学理念，人类的最终解放应该是实现个体的自由而全面的发展。因此，个性化教育的目标最终也是促进个体实现自由而全面的发展。

自高考扩招以来，我国高等教育从“精英教育”向“大众化教育”转变。相比“精英教育”，“大众化教育”对承担人才培养的高校提出了更高的要求。然而，我国现阶段虽已进入高等教育大众化阶段，高校规模也比较大，高校班级人数也较多，但本应同步发展的高校师资队伍建设仍稍显薄弱。在这种情况下，要全面贯彻因材施教理念，实施个性化教育，培养社会所需要的多元化人才是难以实现的。虽然现行的选课制度在一定程度上给了学生更多的自主权，但由于学生本人专业知识的匮乏，以及对自身发展需求认识的缺失，因此学生很难摸索出适合自己的培养方案。况且班级授课制基本上以教师为中心，单向传递知识信息，很容易忽视学生间的个性差异。

本科生导师制的实施恰好弥补了班级授课制过程中忽略学生个体差异的缺陷，为本科生的培养提供了新的契机。本科生导师制最初是对学生采用“一对一”的指导，导师在充分了解每个学生的基础之上，采用启发式的教学方式引导学生学习，这种方式正好符合个性化教育需求和因材施教理论。在导师的指导和引领下，大学新生可以很快适应大学新环境，对自己所学专业也有了一定的了解；对于二年级、三年级的学生，导师可以循序渐进地引领学生设计科研项目进行学术研究，逐渐提高学生的科研能力、动手能力、独立思考能力和创新性思维，培养其科研兴趣，特别是为将来读研和从事研究型工作打下基础；对即将毕业的学生来说，导师可以很好地指导学生进行毕业设计或书写毕业论文，对学生毕业后的选择提供个性化的建议。好多导师都是行内具有丰富经验的专家，与地方研究机构和企业保持着密切的联系和合作，因此在学生就业上可以给出合理性的建议。另外，导师还可以在价值观、心理、生活等方面提供“过来人”的经历和经验，这已经远远超越了本科生导师制作为一种教学辅助手段而产生的效果，而是一种全方位的育人过程。因此，本科生导师制贯彻因材施教理念，是落实个性化教育理论的有效措施①。

4. 缄默知识理论

20 世纪之前，人们普遍认为知识是客观存在的，是可以用各种方式传播的。学校教育的目的也是将人类积累的知识尤其是可以表达出来的知识高效地传达给每一个学生，这是教育的首要任务。虽然当时已经有人认识到除了书本或者能用语言表达出来的知识以外，还有一种“只可意会不可言传”的知识存在，但当时并没有人就这两种知识的逻辑进行严格的分析。直到 1958 年，英国思想家迈克尔·波兰尼正式提出了缄默知识的概念，他在《人的研究》一文中提道：缄默知识是相对于显性知识存在的一种难以系统表述的知识。他认为：人类存在两种知识。通常所说的知识是用书面文字、数学公式，以及地图等来表述的，这只是知识的一种显性形式。还有一种知识是不能系统表述的，例如我们有关自己行为的某种知识。波兰尼关于缄默知识的提出是人类认识史上的一次“革命性”的觉醒，他正式开启了人类的另一扇

---

① 付轶. 我国大学本科生导师制研究［D］. 华中师范大学，2013.

认知之门。

缄默知识强调对认识对象的整体认知，从其获得的过程和结果来看，存在着以下几个方面的特征：第一，非逻辑性。我们无法用语言、文字、符号等方式对缄默知识进行准确的描述和系统的表达，因而缄默知识具有非逻辑性的特征，难以对它进行逻辑的说明。第二，非公共性。正因为无法进行逻辑的说明，缄默知识也就不能像显性知识一样由正规的方式来加以传递，而具有非公共性的特征，但可以经由“师徒制”的方式来获取。第三，非批判性。不管是获得的过程还是结果，我们都很难明确意识到或者准确表述，更多地是依赖于一种非理性的直觉或感官，因为无法对其展开理性的反思和批判，只能用行动来加以检验。第四，个体性。缄默知识无法准确系统地被描述和表达，难以交流，更多地是依赖于个人的理解，强调个体身心合一的参与和体会，因此具有个体性的特征，离不开认识主体，往往以个体直接经验的形式表现出来。

波兰尼说：“好的学习就是服从权威。你听从你导师的指导，因为你相信他做事的方式，尽管你并不能分析和解释其实际效果。通过观察自己的导师，通过与他竞争，科研新手就能不知不觉地掌握科研技巧，包括连导师也不是非常清楚的技巧。”因此，缄默知识并非不可传递，只是一种不能演说的知识。本科生导师制则是缄默知识传播的一个重要载体。导师与学生通过各种途径进行亲密的交流与接触。导师与学生基于相互尊重、信任和平等的立场，具有同等的说话权利，学生在导师的指导过程中积极发挥自己的主体性，与导师的交往不仅仅局限于两者之间的言谈，更会伴随着双方内心世界的敞开，让双方都能够自由地展示、发现和发展自我，同时又真诚地倾听和接纳对方。学生把导师看作自己成长的导航灯，学生信赖信服导师，导师的心境、艺境都会影响学生。即学生在不知不觉中吸收了导师的缄默知识。缄默知识对个体的发展具有重大作用。正如苏联教育家加里宁所说：“教师的世界观，他的品行，他对每一现象的态度，都会这样那样影响着全体学生。”《学记》曰：“善歌者使人继其声，善教者使人继其志。”导师的这些态度、行为方式、思维方式，以及其独特的个性就是波兰尼所说的缄默知识。一名内在思想、学问和外在风范、修养统一的导师，是最具价值的缄默知识的拥有者。他的缄默知识会有意无意地为学生的自觉成才提供一种解渴的点拨，为学生成才征途上产生的烦恼提供一种及时的梳理，为学生成才信心提供一种强有力的激励①。

（三）本科生导师制心理学理论依据

1. 心理发展理论

心理发展是指个体从出生、成熟、衰老直至死亡的整个过程中所发生的一系列心理变化②。学生心理发展有 4 个基本特征：（1）连续性和阶段性，即学生的心理发展具有一定的连续性并且在不同的阶段表现不同；（2）定向性和顺序性，即心理发展总是具有一定的方向性和先后顺序；（3）不平衡性，即学生心理发展的速度和程度是不一样的；（4）个体差异性，即各个学生的心理发展具有不相似性，存在个体差异。鉴于这 4 个基本特征，基本上每个学生的心理发展状态都是不一样的③。

我国大学生的平均年龄在 18~22 周岁，这正是世界观、人生观、价值观形成的关键阶段，大学四年也正是学生心理从不成熟走向成熟但尚未完全成熟的阶段，可塑性极大。这一时期的学生教育非常重要也很难把握，加之学习环境由原来高中时的紧张突然变成大学里的宽松，学生容易一下子迷失自己的方向。有些学生在一开始的时候就失去了目标，用了四年也没有再站起来，学生之间的差距包括心理差距，在一年级的时候就已经拉开。

因此，不同学年段的学生心理发展特点是不同的。一年级学

---

① 嵇小怡. 高校本科生导师制学生管理模式的研究与实践［D］. 华东师范大学，2006.

② 教育部人事司. 教育心理学考试大纲. 北京：北京师范大学出版社，2008（07）：13-14.

③ 同②。

生，更多的困惑是大学学习和生活及人际交往的关系；二年级、三年级的心理状态处于发展时期，面对的主要问题是专业知识的学习，以及竞赛、恋爱等；四年级的学生心智相对较为成熟，但也有些彷徨，特别是在选择升学还是就业、出国深造还是考公务员方面。本科生导师制的实施可以很好地根据学生不同阶段的心理发展特点，有针对性地解决学生心中的疑惑，这也正是导师制的优势之一①。

2. 最近发展区理论

20 世纪 20 年代，心理学家维果茨基在从事教学与发展问题的研究时，提出了“最近发展区理论”，如图 2-1 所示：

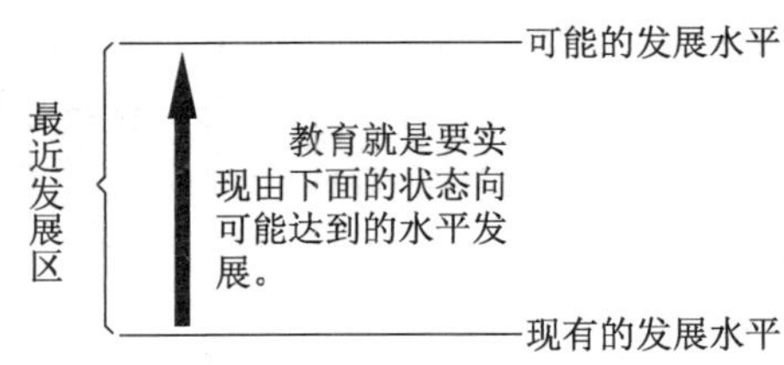

图 2-1　维果茨基最近发展区理论

维果茨基认为：“学生的发展有两种水平，一种是学生的实际（现有）发展水平，另一种是学生的潜在（可能）发展水平，两者之间的差异就是最近发展区。”教育的目的就是要实现由现有的发展水平达到可能的水平。作为具有丰富教学经验和人生阅历的导师，导师教学要走在学生发展的前面，要掌握学生已有的知识结构、思想动态、生活经验、个性特征等现有的发展水平，帮助学生找到并反复地为其创设新的最近发展区，给学生做出适当的引导，必要时为学生的学习发展提供有力的“支架”，使学生能够清晰地认知自我和明确发展目标，获得最大化的发展。

3. 多元智力理论

1983 年，美国哈佛大学心理学教授加德纳博士在《智力的结构》一书中，根据他和他的同事多年来对人类潜能的研究，提出

---

① 王妍妍. 我国高校实施本科生导师制的管理研究［D］. 福建师范大学，2011.

一种关于智力及其性质结构的新理论——多元智力理论[①]。他认为：一方面，智力与一定社会和文化环境下人们的价值标准有关，这使得不同社会和文化环境下的人们对智力的理解不尽相同，对智力表现形式的要求也不尽相同；另一方面，智力既是解决实际问题的能力，又是生产及创造出社会需要的产品的能力。他还认为：每一个人的智力都有自己独特的表达方式，世界历史上的名人也有很多，比如毕加索、爱因斯坦、丘吉尔、莫扎特等，我们不能统一地比较他们谁比较聪明，只能说他们在某一个领域比较成功，比较有建树，以及他们如何在这些领域中获得成功的。加德纳认为有三种因素影响人的智力的发展：先天的资质、个人成长的经历、个人生存的历史文化背景。

关于智力结构，加德纳经过梳理得出 8 种相对独立的智力：语文—语言智力、逻辑—数学智力、音乐—节奏智力、视觉—空间智力、肢体—运动智力、自知—内省智力、交往—人际智力、自然观察—自然认知智力[②]。根据加德纳的多元智力理论，作为个体，每个人都同时拥有相对独立的 7 种智力。这 7 种智力在现实生活中并不是绝对孤立、毫不相干的，而是错综复杂地、有机地、以不同方式不同程度组合在一起的。这 7 种智力在个体身上的不同组合使得每一个人的智力都有独特的表现方式和特点，即便是同一种智力，其表现形式也是不一样的。

由于每个人的智力都有独特的表现方式，每一种智力又都有多种表现方式，所以我们很难找到一个适用于任何人的统一的评价标准来评价一个人聪明与否、成功与否。加德纳的多元智力理论为我们提供了看“聪明”问题和成功“问题”的全新视角。由此，我们应该清醒地认识到，智力是多方面的，智力的表现形式是各不相同的，我们判断一个人聪明与否、成功与否的标准当然也应该是多种多样的。多元智力理论的本质是承认智力是由同样

① 袁振国. 当代教育学［M］. 北京：教育科学出版社，2004.

② 霍力言. 多元智力理论及其对我们的启示［J］. 教育研究，2000（9）.

重要的多种能力而不是由一两种核心能力构成的，承认各种智力是多维度地、相对独立地表现出来的而不是以整合的方式表现出来的。学生与生俱来就各不相同，他们在心理与智力水平上有着各自的风格与强项，也就是说世界上并不存在谁聪明谁不聪明的问题，而是存在哪一方面聪明，以及怎样聪明的问题。

根据加德纳的多元智力理论：（1）大学教育应该帮助树立多元学生观。学校里没有所谓“差生”的存在，每个学生都是独特的，也是出色的。这样的学生观一旦形成，就使得教师乐于对每一位学生报以积极、热切的期望，并乐于从多个角度来评价、观察和接纳学生，重在寻找和发现学生身上的闪光点，发现并发展学生的潜能。（2）大学教育可以促进学生全面发展。人的智力领域是多方面的，人们在解决实际问题时所需要的智力也是多方面的，现实生活需要每个人都充分利用多种智力来解决各种现实问题。因此，学校也应该能够在真正意义上保证学生的全面发展。（3）大学教育可以促进学生特殊才能的充分体现。每一个个体都有相对的优势智力领域，如有的人显露出过人的“音乐天分”，有的人则表现出超常的“领导能力”，而只有每一个个体不同优势智力领域得到充分发展，个性得以充分体现，才能保证个体适应并立足于当今这个极显个性化的时代。因此，我们的教育应该充分尊重每个学生的优势智力领域并努力地挖掘每一学生特殊才能的巨大潜力，使之成为某方面的能人或特殊之才。（4）大学教育帮助学生形成将优势智力领域向弱势智力领域迁移的转变观。多元智力理论不仅提出每一位学生都同时拥有智力的优势领域和弱势领域，而且提出在每一位学生充分展示自己优势领域的同时，应将其优势领域的特点迁移到弱势领域中去，从而促使其弱势领域得到尽可能的发展，这就是我们教育工作者的责任和义务。因此，教育首先是赏识教育，教师相信每一位学生都是有能力的人，乐于挖掘每一位学生的优势潜能，并给予充分的肯定和欣赏，树立学生的自尊和自信。其次，教育是个体化的教育，教师变得更为主动、自觉地为每一位学生设计“因材施教”的方法，以配合其智力组合的特点，促进其优势才能的展示和发展，实现个人价值。教师帮助学生发现和建立其智力优势领域和弱势领域之间的联系，以此为切入点，引导学生有意识地将其从事优势领域活动时所表现出来的智力特点和意志品质迁移到弱势领域中去。

本科生导师制工作的指导思想也就是加德纳的多元智力理论所阐述的内涵。多元智力理论指出，学生有自己的个性和各自的智力优势领域，对学生的教育必须“因材施教”。而导师制的学生管理模式正能实现这一要求，导师制的本质就是对学生进行个性化教育。导师指导的学生较少，一般负责 5~10 个学生。导师与学生进行“深度地交谈”，全方位地了解学生的背景、兴趣爱好、智力特点、学习强项、心理特征等，在此基础上，导师能够有的放矢，进行有针对性的指导，帮助学生设计个人发展的计划，充分挖掘学生的潜能，发现学生以往不为人知的个性闪光点，从而帮助学生全面成长。加德纳指的智力既是解决实际问题的能力，又是生产及创造出社会需要的产品的能力。我国的教育实践，长期以来重视知识的传授、知识的学习，而忽视知识的应用。知识转化为能力需要通过实践训练，特别是思维训练，导师制的自身特点决定了它的实践性，因此在学生知识能力的转化过程中可以起到重要的辅助作用和催化作用。导师制是培养学生创新精神和创新意识的有效途径。其一，导师在指导方法上注重的是“授人以渔”，教给学生“为什么”和“怎么办”，而不是“是什么”或“这么办”。因此，导师指导的更多是方法，思考的方法、研究的方法、创造的方法等。其二，导师在指导过程中也在培养学生的创新意识。导师在导的过程中与学生形成亲密的相互交流关系，让学生主动思考，提出自己的见解与看法，发挥学生的主动性与创造性，促进学生的主动探究精神，从而能够更好地培养学生的综合素质和创新能力①。

---

①　嵇小怡. 高校本科生导师制学生管理模式的研究与实践［D］. 华东师范大学，2006.

（四）本科生导师制管理学理论依据

1. 人力资源理论

人力资源理论的精髓在于调动一切可以调动的资源，通过各种人性化的手段使得员工更加积极地对待工作。人力资源管理的目标是让合适的人去合适的岗位，充分发挥个人的能力和潜能，让个人的天赋、工作热情与组织需求更好地结合。按照以往的经验来说，一个组织的成功与否很大程度上取决于组织中个人的素质等，最大限度地提高和维护本组织成员的素质成为至关重要的一点。因此，任何组织都需要借鉴和吸收有效的人力资源管理，让每个人都发挥自己最大的积极性。学校教师这样独特领域的专业人员，如何更好地调动本组织的积极性，保持新鲜和积极进步的步伐显得尤为重要。教师在学校教学过程中有以下几个公认的角色：知识的传递者、授业解惑者、管理者、朋友、研究者。在这个过程中，教师的角色非常重要，一个好的教师往往更加有利于学生的发展，更加可以激发学生的学习热情。如何更好地管理好教师，促进教师不断地更新而不产生职业的倦怠一直是最大的研究课题。只有教师更好地服务于学生，学生能够养成独立思考、独立创新的能力；只有学生更好的发展，学校的存在才会有自己的价值。

我国高校迫切需要一支积极向上、勇于创新、充满热情的教师队伍，因此本科生导师制的实施会为教师与学生之间的交流搭建一个平台。这是一个知识相互传播的平等自由的平台。这样的教育教学形式颠覆了以往学生和教师过于紧张的关系。一方面，满足教师指导学生的快乐。教师作为知识的传播者最大的回报是看到自己所教的学生有所建树、有所成就，导师制在这方面为导师提供了一个很好的教导学生的方式，教师可以得到极大满足感。另一方面，不能把导师的工作看成无偿的自愿自主的工作。适当的奖罚制度、工作条例和评价机制也是应该配套实施的，只有当挑战与机遇并存时，才会让人更加积极地努力工作。在导师工作中，不要把导师看成一批默默奉献不求回报的圣人，适当的回报和激励才能让导师更加积极地投身到教育浪潮中去①。

2. 制度变迁理论

制度变迁理论最早的研究人员是戴维斯和诺斯。他们认为，一项新的制度安排之所以能够出现，是因为人们对于它的预期收益超过预期成本。只有当这一条件得到满足时，我们才有望发现在一个社会内改变现有制度和产权的企图②。按照一般理论，财富或效用最大化是制度变迁的主体，无论是政府、个人还是团体，都是为了实现财富或是效用的最大化才实施制度变迁行为的。也就是说，主体期望获取最大的“潜在利润”，也就是“外部利润”，是制度变迁的内在动因。在现有的安排结构内获利能力无法实现，相应的新的制度安排顺势而成。所以说，有潜在利润是实现制度变迁的前提条件。只有当通过制度创新与变迁所获取的收益大于为此付出的成本时，制度创新与变迁才有可能发生。正如诺斯所说的，如果预期收益超过预期成本，一项制度安排才会被创新，只有当这一条件得到满足时，我们才有望发现在一个社会内改变现有制度和产权结构的意图③。相关学者认为，新的制度供给是否实现取决于多重因素，关键在于不同社会主体之间的博弈过程。这种博弈包括新制度的需求者和旧制度需求者之间的博弈、新制度的需求者之间的博弈、新制度的需求者与新制度供给者之间的博弈，以及新制度供给者之间的博弈。制度的变迁就是制度的均衡到制度的非均衡，再到制度均衡的变动过程④。

制度变迁有一定的过程，也存在一定的“时滞”。一般认为，诺斯的制度变迁模型是一种“滞后供给”模型，即制度创新滞后

---

① 王妍妍. 我国高校实施本科生导师制的管理研究［D］. 福建师范大学，2011.

② 卢现祥. 新制度经济学［M］. 武汉：武汉大学出版社，2004.

③ 程恩富，胡乐明. 新制度经济学［M］. 北京：经济日报出版社，2004：194-195.

④ 谭庆刚. 新制度经济学导论——分析框架与中国实践［M］. 北京：清华大学出版社，2011：181-182

于现在的利润的出现，潜在利润的出现和使利润内部化的制度安排建立之间存在一定的时间间隔。另外，制度在变迁过程中表现出“路径依赖”，路径依赖原理告诉我们“历史是至关重要的”，“人们过去选择做出的选择决定了他们现在可能的选择”。诺斯指出，“时间对于制度演进至关重要”。人们在注满传统与文化的时间长河里获取知识、进行学习，并形成新的知识充实到时间中去，成为下一代人面对的传统、文化和制度背景，也就是“累积的集体学习过程”①。稀缺性、竞争、认知、选择是制度变迁的动因，“在稀缺经济和竞争组织环境下，制度和组织的连接交互作用是制度变迁的关键点，竞争是组织持续不断地在发展技术和知识方面进行投资以求生存，这些技能、知识及组织获取这些技能、知识的方法将渐进地改变我们的制度”。诺斯认为世界普遍存在着稀缺性资源，有竞争就有优胜劣汰。优胜劣汰的过程实际上是市场决策的过程，使得稀缺性资源得到最优化配置。同时，人们对竞争的外界认知后会理性地做出边际选择。于是，经济组织的制度变迁就在这些做出选择的集团的推动下发生了，因为这种选择是有效率的，人们可以从选择新的制度中获得更多的潜在利益②。

将制度变迁理论迁移到本科生导师制的发展历程中，我们可以看到从本科生导师制的萌芽、形成、发展到本科生导师制的中国本土化、特色化。本科生导师制在中国本土化的过程中表现为多种运行模式。制度变迁理论认为制度发生变迁的内在原因是主体期望获得范围外更多的潜在利润，只有制度创新和制度变迁有利可图，主体才会引导制度的创新和制度的变迁。本科生导师制在发展过程中的不同时期出现的运行模式都是主体希望挖掘到潜在的利益而实施操作的。根据市场对于人才的需求和国家对于培养人才的要求，学校基于办学特色和培养目标运营不同模式的本

---

① 卢现祥. 新制度经济学［M］. 武汉：武汉大学出版社，2004：171.

② 程恩富，胡乐明. 新制度经济学［M］. 北京：经济日报出版社，2004：194-195.

科生导师制，不同模式运营下的本科生导师制反作用于学校和院系，强化学校和院系的办学实力。本科生科研型导师制是必然产生的，国家人才培养的目的是培养高素质创新型人才和全面发展的人才，在此基础之上尊重学生的个性发展，发展和发挥学生的特长。学校在国家的指导方针之下，提升本校的专业影响力，结合学校院系专业的实力水平推行本科生科研型导师制，提升学生的专业实力、学术水平，并在此基础之上扩大学校专业的影响力和学校本身的影响力。制度变迁理论对于指导我们认识本科生科研型导师制的运行来源，以及相关利益主体在本科生科研型导师制下要发挥的职能和功能有一定的认知性指导性意义①。

二、 本科生导师制实施的必要性和可行性理论研究

（一）本科生导师制实施的必要性理论研究

1. 本科教育的现实问题

哈佛大学前校长德雷克·博克在其教学名著《回归大学之道》中着重分析了美国一流大学普遍存在的“五重五轻”问题：重学术，轻教育；重科研，轻教学；重研究生教育，轻本科生教育；重教师学术造诣，轻教师品德对学生的影响；重市场功力对学校的要求，轻学校对学生人格尊严的培养。现在，纵观国内外大学，这些问题实则是全球大学的共性问题。

他认为，目前大学存在的最主要问题是教授远离课堂，无视学生的学习成效。通常情况下，教师都有足够的职业责任感，不会对学生的发展视而不见。问题的关键在于：无论是校长、院长还是普通教师，确实没有迫切感受到必须要不断更新教学方法的压力，也没有感受到需要尽可能提高教育教学质量的紧迫性。他还认为，目前大学和教师普遍存在以下 6 个问题：对大学角色定位模糊、缺乏合作、忽视教育目的、过于注重通识教育、缺乏更

① 张雪征. 我国研究型大学本科生科研型导师制实证研究［D］. 东北大学，2013.

新的教学方法、不注重课外活动。他认为这些都应该被国内外大学所关注。

当前我国大学不仅缺失改进教学方法和提高教学质量的行动和压力，对教授进班级潜心教学的激励同样不足。评价方面，无论是外部的教学评价还是内部的教学评价，抑或学校对教师的评价和考核，都过多注重学术研究成果而对教师的教学质量如何缺乏重视。正如博克所说，确实存在这样一种现象，无论教师本人对教学的重视程度如何，确实缺少外界力量迫使他们在完成常规任务之外对教学倾注更多的心血。

另外一个突出问题是“学生的价值观教育是否为大学职责的问题”。教师无法用科学的研究方法去验证价值观教育的有效性，而学生则普遍认为，价值观教育是大学的根本任务或者是非常重要的任务。在中国的大学中，这样的问题同样普遍存在，教师更加注重通识教育而对学生的价值观教育缺少重视。

在课程教学和体系设置方面，当前高等教育普遍存在的问题是教师之间缺少合理的分工和合作，在课程体系设置上也缺乏充分的论证。现在的大学，不同院系和教师之间大多没有合作的义务，尽管教师心里知道这样有利于教学，但他们更愿意将时间和精力花在自己的学术研究上，因此对教学投入不足是普遍现象。而在课程体系设置上，则过于强调通识教育，轻视选修课的现象极为普遍。目前，几乎所有的老师都认同学生应该有权利自由选择一些感兴趣的课程，满足个性化的发展需求。可是赋予学生这样的选择后，很少有学生认真去思考应该怎样利用这一自主权，比如是否需要选修一些简单的课程以便有更多的课余时间参加其他活动？抑或选择哪些课程更匹配自己的人生职业规划？选修课是否需要分散以扩大自己的知识面？抑或集中学习某个领域，类似于第二学历？是否评价一下自由选修课、通识课程和专业课程哪个更有价值？当这些问题都有了答案，教师们才会决定选修课是增加还是减少，什么样的选课方式更适合，该由谁去指导学生选课。然而现实是，很少有人去思考这些问题，结局就是专业课交由各学院自己评估，选课的事情则由学生自行安排。

另一个需要重视的问题是大学教育过于注重教学内容而忽视教学方法。各系、各教研室在一起讨论更多的是学生应该掌握哪些知识、增加或者减少哪部分教学内容，谁也不会主动提出“怎样的教学方式才能让学生更好地掌握知识”这一话题。他们宁愿自己去反思教学方法，也不愿意跟别人去探讨，甚至很反感督导听课。如果重视教学内容，则学生需要记住课堂上大部分的教学内容。可事实是，学生的记忆效果和记忆时间并不能达到老师们的期望。据调查，一名普通学生对以单方面讲授知识形式的教学内容的记忆，在一节课结束之后只能维持 15 分钟。与之相反的是，根据自己的兴趣、爱好和价值观所接受的知识更容易记忆和维持。同样，学生被动接受的知识容易遗忘而主动参与的事情则更容易维持。教师不能假设学生只要来到课堂就能记住大部分内容，因此大部分情况下采取的措施是把今天该讲的内容讲完，至于能记住多少，那是学生自己的事情了。所以知识能记住多少、养成什么样的思维习惯，并不取决于学生修了哪些课程，而取决于这些课程是如何讲授，以及讲授的质量如何。因此，现在大学的大部分课程都需要考虑当前的教学方法是否适合大学的教育目标。尤其是一、二年级的通识课程和专业基础课，教学方法、考试方法和评价方法都非常的僵化，与高中、初中甚至小学教育并无不同，这样怎能培养出具有独立见解和创新意识的人才呢?

德雷克·博克认为，“高等教育系统缺乏提升教育质量的压力是大学问题的根源，大学评价考虑学生的成绩、就业率、教师的科研成就，而真正的问题在于，大学是否能够充分地挖掘学生的潜能，是否能为学生提供充分发展的平台和机会”。本科生导师制的实施在对学生的教学内容、教学方法、教学目标、教学平台和机会方面，都能有很好的补充①。

---

① 刘连环，等. 本科生导师制探索与实践［M］. 北京：中国财政经济出版社，2018（6）.

2. 有利于学分制的完善

导师制与学分制、班建制同为三大教育模式。学分制首创于19世纪美国的哈佛大学，1918年北京大学率先在国内实施“选课制”，直至1978年国内一些有条件的大学才开始试行“学分制”。现在的学分制改革在我国高校已经全面展开。我国在实施学分制之前实施的是学年制，它是跟学分制相对立的一种模式。学年制是以学年为计量单位衡量学生学业完成情况的教学管理制度，而学分制则是把规定的毕业最低总学分作为衡量学生学习量和毕业标准的一种教学管理制度。相比较而言，学分制比较灵活，学生有更多自由选择的机会，可以根据个人的兴趣爱好选修不同的课程，有机会接触非本专业却又跟本专业密切相关的一些课程。

虽然学分制有自己的优点，但相应的也有其不足：一是学生选课自由度加大，但学生对知识接受的难易程度不同，即有的学生可能已经有了一定的基础，而有的学生是完全出于兴趣，教学方式和内容能否继续保持学生的兴趣是教师需要考虑的问题。二是普遍存在的问题，即学生选课大部分是迷茫的。选择什么样的课程？什么样的课程值得选或者更适合将来自己的人生规划？课程一旦选了，如果不适合自己，既浪费时间也浪费精力。所以怎样选择合适的课程成为第一次面临选课的学生的重大难题。有的选择学分多的，这样可以少选修几门课程，然而对课程难易程度并不知晓；有的跟自己的好朋友选修同样的课程，却不知道该课程适不适合自己，将来有没有用；等等。

导师制的实施则可以很好地弥补学分制方面的不足。导师制强调教师在了解学生个性、特点的基础之上，有针对性地对学生的学业进行指导和帮助，还可以把具有共同兴趣爱好的同学聚集在一起开展学习、研究。学分制赋予学生很大的自由选择空间，但学生自我判断力较弱及专业知识的缺乏，很可能导致出现想学的知识没有学到、该学的知识又没有学好的情况，因此在本科生导师制的辅助之下，学分制将发挥更好的作用。

3. 人才培养质量提升的需要

高等教育的核心与中心任务是人才的培养，即培养德、智、体、美、劳等全面发展的高级专门人才。国务院于 2010 年颁布的《教育规划纲要》中提到："教育改革发展的焦点和使命是提高质量……并声明未来中国高等教育发展战略以规模扩张为特征的外延式发展转到以质量提升为核心的内涵式发展。"2015 年 12 月 27 日修订的《中华人民共和国高等教育法》第三十一条指出："高等学校应以培养人才为中心，开展教学、科学研究和社会服务。"由此可见，国家为了保障高等教育质量有大幅度的提升，已经将其上升到法律的高度，用法律的强制性确保高等教育质量能够有较大的提高，国家对于人才的重视可见一斑。2016 年 8 月 31 日，教育部部长陈宝生在《国务院关于高等教育改革与发展工作情况的报告》中重点提道："深化教育教学改革，提高人才培养质量。"从报告中可以看出，近几年国家为高等教育改革和发展做了很多努力，高等教育也发生了许多令人感到骄傲的变化，这与我们一直以来对高等教育的重视与努力是分不开的。

自 1999 年开始，我国高等教育迎来了大扩招，毛入学率已经高出全球平均水平，正式进入大众化阶段。然而，2016 年 4 月 11 日《中国高等教育质量报告》中的数据显示：2015 年，高等学校在校生 3 700 万，位居世界第一；各类高校 2 852 所，位居世界第二，可是规模增长的同时，创新人才培养力度还不足。进入 21 世纪后，我国社会主义现代化建设需要大量德才兼备、具有创新精神和实践能力的专业人才，因此，国家全面提高了对高等教育人才培养，特别是创新型人才培养的要求。

4. 有利于师生关系的重新定位

目前，我国高校教师承担的角色依然是知识的传授者和解说者。我国的大学教育严格按照相应的书目、相应的课时、相应的教学大纲、相应的考试大纲和学院的既定步骤进行，很少出现差池和错误。在这样的情况下，学生通常被看成一个不成熟的个体，并且不具有所学专业相关知识的理论框架，就像"容器"一样等着教师“装”东西。为了确保这样的教学形式能够顺利进行，学校还设立了相应的规章制度。然而在这样的教学背景下，学生失去了一种能力，一种主动寻求答案的能力，也失去了对知识的独特理解和对某一知识的不同见解。他们上课的目的是接受书本知识和教师的观点，牢固记住所学知识并尽量熟练地掌握。

这种一成不变的教学方式和师生关系已经受到了质疑。任课教师上课来，上完课就走，很难有时间和学生进行进一步的交流。在教学过程中加入本科生导师制，有利于学生学会主动接受知识、学会掌握知识，建立师生平等、互动学习的和谐关系，对教师观和学生观也都有明显的帮助。导师制的实施，一方面可以改变教师的思维方式，从而将学生看成具有一定认知能力和发展空间的个体；另一方面，教师不再像过去一样讲授书本知识和学生应该掌握的知识，而是引导学生从课堂转向实践。在这样的师生教学关系中，教师逐渐意识到学生对知识的掌握程度和实践能力是在探索、求职、质疑和合作中增强的。导师制为学生配备导师，使学生有机会参与教师的科研，这有利于确立良好的师生关系，同时也有利于师生自身的发展。导师制的实施给学生提供了更多的平台，而这些是学生在课堂上无法获得的。

5. 有利于校园文化氛围的形成

现代高等教育以立德树人为目标，强调以文化人、以德育人，强调文化创新并以此营造浓厚的学术氛围。学生刚入校时，很难很快融入大学的学术氛围之中，有些同学往往在四年过后才感叹在大学里什么都没学到。大学与高中的明显区别在于，大学可以提供一个场所让学生接受自由、成熟学术氛围的熏陶。深厚的文化底蕴和灵魂本质上决定了一所大学未来的发展。大学文化的形成应以社会主义核心价值观为指导思想，塑造学生崇尚科学、追求真理、自由创新的精神。新型冠状病毒性肺炎疫情的爆发，以及中国抗疫的成就和精神，为培养学生爱国主义精神提供了新的契机。学术的发展和进步是一个大学的灵魂，教育强国的重要内容是大力加强大学文化建设，因此学术文化的建设应该成为校园文化的最主要内容之一。学术文化氛围的营造体现在教师的日常工作中，同时也依托于学生不断创新的科研精神。

因此，导师制的实施有利于营造一个育人的学术环境，让师生可以潜心学术，共同营造积极向上的学术氛围。如果学校重视，院系支持，师生都积极主动，那么导师制一定会发挥其独特的优势；相反，如果校院无所谓，导师不愿意花时间，学生也不积极主动，那么导师制一定是失败的。在一定条件下，导师制的实施一定可以给学校学术氛围的营造注入新鲜的血液。

（二）本科生导师制实施的可行性理论研究

1. 可借鉴学习国外一流大学的实践经验

国外导师制已经沉淀了600多年，在这一历史进程中，本科生导师制已经从不成熟向成熟迈进，虽然其中遇到了很多困难和质疑，但依然在不断改进和完善中传承了下来并被世界上许多大学效仿，足见其生命力的顽强。因此，我国在实施本科生导师制时可以选择性地参照国外大学的一些做法，并在相应的地方加入符合我国地方特色和有利于自身发展的措施。

纵观国外实施的导师制，可以归纳出两个特点：一是弥补班级授课制的缺陷，实施个性化教育，注重学生的个性化培养和创新意识的提高；二是学生可以跟随导师的步伐，探索相关学科前沿知识，学习导师严谨的治学态度、刻苦钻研的精神及对待生活的看法。当然我们也看到国外导师制在发展过程中同样存在缺陷和不足，如师生比要求过高、师资投入大、成本过高等。然而小组讨论等很好的教学方法，都是我国在实施本科生导师制时可以借鉴和学习的。

首先，我国高校要肯定本科生导师制是保障学分制实施的一种必然革新，势必给高校学术氛围的营造注入新鲜的血液。其次，我国应该跟国外一样注重本科生科研能力的培养，同时社会也需要大量的具有创新思维和动手能力的人才。因此，能够培养学生创新思维和实践能力的教学方法都是我国高校应该改革和创新的，导师制就是其中之一。

2. 我国实施本科生导师制的环境日趋成熟

(1) 师资条件大力改善

师资力量是制约我国高校全面推广导师制发展的因素之一，但随着我国教育改革的不断深化和对教育的重视与投入，我国师资水平已大大得到改善。首先，我国从2000年开始，逐步增加政府财政拨款在高等教育方面的经费投入，同时各所高校也多渠道筹措经费；其次，我国着重建设“985”“211”“双一流”“重点学科”“精品课程”等品牌，越来越注重高校品质建设；再次，越来越多的高校注重师资队伍的建设，大力引进国内外知名高校人才，鼓励教师积极参加培训，加大前期经费投入，实施老带新措施，尽快壮大科研队伍。最后，提高教师的整体待遇，对高层次人才给予相应的津贴和科研启动经费、购房补贴、生活补贴等优越条件，以解决教师后顾之忧，使其全身心地投入科研工作中去。

(2) 大学教育观念得以改变

随着我国社会主义市场经济的快速发展，大学教育与市场经济的关系越来越紧密。一方面，大学教育必须接受社会主义市场经济的冲击，包括新思想、新理念、新模式，在新的环境中持续、稳定、协调发展；另一方面，大学教育也要在发展中避免盲目性，需要重新审视自身，勇于面对社会主义市场经济的挑战，避免重科研、轻教学，重技能训练、轻基础理论研究，在努力克服冲击的同时，按照教育规律办好大学。

(3) 教学形式和方法得以革新

我国的大学大多实行弹性学制，推出选修课制和学分制非常有利于教师对学生进行个性化的指导。在教学组织方面，班级授课制和导师制的“双轨制”运行，在保持现行班级组织的情况下，导师在课程学习、科研竞赛、选课、人生规划上对学生给予指导，有利于挖掘教师的教育引导潜能，发挥学生的个性化优势。另外，大学教师不仅是学者，也是教育家。从注入式向启发式转变，加强实践性教学环节，现代化教学手段的应用，都有利于教学效果。同时，学校积极鼓励教师开展研究型教学，鼓励教师根据自己的特长灵活选用不同的教学方法。许多高校已经开始实施“第二课堂”学分制，可见虽然考试仍然是教学管理的重要手段，但已经不是唯一手段。学生发现、提出、分析和解决问题的能力及创造力已经成为评价标准，同时，学生的考研、创新成果、学术及文化活动表现等已经成为评价内容。

（4）对本科生科技竞赛的重视

21 世纪是人才竞争的世纪，未来社会亟需具有创新意识和创新能力的人才，培养大学生创新意识和能力是高等教育人才培养的重要使命。科技竞赛作为一个平台，在人才培养方面具有积极的作用。

目前，我国高校不断开展形式多样的本科生科技竞赛，如“挑战杯”“互联网+”、数学建模、创新创业计划等。这些竞赛的出现从侧面体现了高等学校在学生创新能力和实践能力上的比拼和重视程度。虽然竞赛是为了选拔人才，但竞赛更重要的意义在于通过竞赛过程培养人才。虽然有这些高级的竞赛平台，但学生的参与率仍然不高，不能达到普遍培养人才的目的，甚至有的学生大学四年没做过一次实验、没参加过一次竞赛。学校缺少可以让学生接触学科前沿知识、参与学生竞赛、培养学生自主创新能力的平台。

同时，我们也应该看到，大一、大二学生参与竞赛很少，究其原因是他们有很多课程没有学，特别是一些操作性强、参加竞赛需要掌握的基础知识，组队参加竞赛时会因为基础知识不够而无法完成参赛项目。但在大学里，实际情况是大一、大二学生参赛的愿望最强、积极性最高，而知识储备的不够使得锻炼和人才培养的目的较难达到。

因此，“第二课堂+导师制”模式可以很好地弥补科技竞赛参与率低的问题，同时在一定程度上可以解决人才培养欠缺的问题。每项科技竞赛都离不开导师的指导，越早给学生配备导师，让学生获得专业学科基本知识的指导，他们就越早有能力参加科技竞赛活动，从而更好地激发学生的学习兴趣和学习动机，激发学生自主学习、自主解决问题的能力和创新意识，同时在参与科技竞赛过程中还能培养学生的团队合作精神和人际交往能力，实现学生由被动学习转向自发跟随导师的脚步自主去学习，从而达到提高、培养学生全面发展的目的。

（5）高校信息技术的广泛使用

进入信息时代，信息技术的广泛使用为导师制的实施提供了很大的便利，极大地解决了导师因为忙无法及时与学生面谈的问题，导师可以通过 QQ、微信、邮件等方式及时与学生沟通，使学生在课堂外也能够与导师有更多的交流渠道；另一方面，网络技术的广泛应用使得知识来源的渠道越来越宽，渠道不再单一，学生对知识的理解也不再那么肤浅。在这样的基础之上，对学生在学术问题上进行引导已经比较成熟，何况相当一部分学生还迫切希望从教师那里获得更多的相关专业知识或者升学、就业等方面的意见，这些都为本科生导师制的实施提供了一个平台。

（6）部分高校开创导师制成功的先河

自 2000 年浙江大学、2002 年北京大学实施本科生导师制之后，各大高校都积极加入本科生导师制的队伍当中，许多高校的经验和做法都给其他高校提供了宝贵的参考，如上海交通大学。从这些高校实施导师制的情况来看，导师制自实施以来，在学生创新创业和社会实践上确实起到了一定的催化作用，并且师生对导师制认可度较高，希望导师制这种形式可以继续。从以上高校实施导师制的情况来看，导师制的实施确实可以给我国高校带来新鲜空气和发展空间，同时可以很好地补充学分制的不足，进一步提高高校的人才培养质量。虽然本科生导师制从实施开始到现在依然受到质疑，但是不难看出，它所带来的好处是处处可见的，最明显的一个好处就是让学生更加积极、更有兴趣地投入本专业学习之中①。

---

① 王妍妍. 我国高校实施本科生导师制的管理研究［D］. 福建师范大学，2011.

三、 本科生导师制实施体系的理论研究

（一）本科生导师制实施内涵研究

关于本科生导师制实施的内涵研究，国内外学者从不同角度对其进行了界定。就目前研究情况来看，有学者注重分析导师制与辅导员制、班级导师制的不同之处，有学者从本科生导师制与研究生导师制之间的异同来界定，还有一部分学者则从导师的职责和导师制的构成要素来进行界定。例如，本科生导师制是在师生双向选择的前提下，聘请具有较高思想素质和专业知识的教师担任，给予学生思想、专业学习、生活、心理的引导、管理和教育[①]。可见，学者对本科生导师制的内涵界定尚有分歧，有人赞同西方学者的定义，认为它是一种个性化的教育教学方式；有人则认为是一种教育制度。例如，所谓本科生导师制就是高等学校以制度的形式要求专业教师负责一定数量本科生的学习、科研、实践及发展上的指导[②]；又比如，本科生导师制是在高年级本科生中定点、定人进行因材施教的制度[③]。

（二）本科生导师制实施目标研究

本科生导师制的实施需要院校、教师和学生三者的相互配合和付出，同时也需要相关制度的支撑和平台的保障。然而，从我国各大高校实施情况来看，很多高校很难坚持实施或者是形同虚设，并没有完全发挥导师制应有的作用。因此，很多人开始反思我国高校为何要实施导师制，它的最终目标究竟是什么？学者主要从三个方面来分析和探讨：一是本科生导师制对学生的影响；

---

① 曾凡东. 对实行本科生导师制的思考 [J]. 当代教育论坛，2004 (10)：78-79.

② 靖国安. 本科生导师制：高校教书育人的制度创新 [J]. 高等教育研究，2005 (05)：80-84.

③ 陈高扬. 本科生导师制是培养创新人才的有效模式 [J]. 中国高等教育，2001 (21)：43.

二是本科生导师制对教师的促进作用；三是本科生导师制对师生、对学校发展、对高等教育发展等多方面的影响。

国外学者在研究本科生导师制实施目标时，基于牛津大学实施导师制的初衷是培养学生批判性思维能力，大部分学者专注于论证导师制实施可以激发学生的批判性思维，因此要将培养学生批判性思维作为推行本科生导师制的宗旨和目标。反观我国学者，就很少聚焦论证学生批判性思维的养成，而是注重研究导师制与学生发展之间的关系，特别是导师对学生学业的指导、对学生学习主动性和专业知识的积累具有很好的促进作用。因此，我国多数学者认为本科生导师制的实行不仅有利于培养学生的综合素质，提升教师的教学、科研能力，同时也是贯彻落实学分制的需要，是弥补高校单一辅导员管理体制的需要，是适应我国高等教育改革、提升高等教育质量的需要[①]。

（三）本科生导师制实施内容研究

多数学者认为本科生导师制是一种可以为学生提供个性化指导的教育模式，将传统的“教学”模式转变为“导学”模式，在学生的大学学习、生活、专业、心理、职业规划等方面给予学生建议。本科生导师制可以帮助低年级的学生很快适应大学生活、掌握学习方法、解决生活上的困难、提高专业认知和认同感，引导其思想上的进步，使其潜移默化地树立正确的世界观、人生观和价值观；帮助高年级学生更好地学习专业知识、培养创新能力和科研能力、开展科技竞赛、进行社会实践，以及合理进行考研备考、学校选择、出国、就业和参加职业资格考试等。

因此，在关于本科生导师制的内容研究上，学界的观点较为统一，认为导师制是对现行高校学生管理制度的有效补充和深化，在保持现行辅导员制度的同时选聘有经验的教师加入学生管理工作的队伍中，在师生双向选择的前提下，为每一位进入大学的本科生配备导师，导师针对每个学生的特点为其制订个性化的

① 刘加玲. 中国高校本科生导师制实施的问题与对策研究［D］. 扬州大学，2019.

成长计划与目标，并督促其实施的一种制度①。

（四）本科生导师制实施模式研究

我国本科和地方性院校众多且多具特色，并且有自己的发展定位，所以实施本科生导师制的模式也因校而异。学者对这一问题的研究角度也各不相同，基本上可以分为以下几种情况：

1. 按照高校类型划分

关系国计民生的国家重点理工科高校和国家大力扶持的边远地区高校实施项目型导师制；医科大学及需要做大量实验的工科、农科高校实施实验室型本科生导师制；人文学科综合型大学实施课程型本科生导师制；社团型本科生导师制及全方位本科生导师制适用于所有大学。

2. 按照年级类型划分

第一类是全程导师制，即在学生入校的时候通过师生双向选择的方式为每位学生配备一位导师，负责指导学生本科期间的学习、科研、生活、思想等。只是不同年级阶段，导师对学生指导内容的侧重点不同。这种导师制通常适合师资力量比较充沛的院校，如浙江大学。第二类是半程导师制，通常分为低年级和高年级导师制。前者主要是针对大一、大二的学生，这样的导师制主要是为了帮助学生适应大学学习、生活，从中学生向大学生角色转变，帮助学生提高专业认知、培养专业认同感和获得感，了解和熟悉专业课程结构，制订初步学习计划。后者主要针对大三、大四的学生，这种形式的导师制又称“科研实践型导师制”，主要是根据学生的兴趣特长或者是未来的目标规划而选择导师进行科研、社会实践及毕业论文等方面的指导，旨在培养学生科研、实践和创新能力。第三类是阶梯式导师制，由半程式导师制发展而来，通常情况下是根据学生的实际需要或者指导内容划分的，如德育导师、生活导师、学习导师、科研导师、论文导师等，导师身份和职能相对固定。可以看出，全程导师制是半程式导师制

① 薛毅. 思想政治教育视野下本科生导师制研究［D］. 华东师范大学，2012.

和阶梯式导师制的合理结合。

3. 按照指导内容划分

按照指导内容本科生导师制大体上可以分为科研导师制、思想政治导师制、学生宿舍导师制、学业导师制、英才导师制等，部分高校还成立导师组，由 3~5 人组成，共同指导学生[①]。

（五）本科生导师制运行机制研究

本科生导师制的实施受到内外部多种因素相互作用的影响，要想发挥导师制的成效，更好地实现目标，必须建立一套协调、灵活、高效的运行机制。本科生导师制的运行机制由内到外包括 4 个方面：构成本科生导师制的主体，即导师和学生都要有较强烈的积极性；本科生导师制的实行过程要遵循差异式和均衡式发展原则，即创新教育面向所有学生普及使教学资源的使用和分配相对公平，但是过度均衡容易引发平均主义、造成资源浪费和形成懈怠情绪，因此需要差异式和均衡式发展的协调和平衡；对师生考核时要注重形成性和结果性考核相结合；外部环境的营造和制度保障要适度、可行。在此基础上，形成了本科生导师制“双轮双驱”的实践模式，即教师和学生平衡发展的“双轮”与外部、内部机制持续驱动的“双驱”模式。本科生导师制作为一个有机整体由内外部环境构成，因此在这些方面还需要加以规范和完善才能更有效地保证本科生导师制井然有序地运行[②]。

（六）本科生导师制实施问题研究

任何一项制度的实施，在运行过程中多多少少都会出现问题。学者对导师制在运行过程中出现的问题进行了多方面的分析，从现有的研究来看，主要集中在院校、导师和学生三个方面。

第一，院校的软硬件达不到要求。几乎所有的学者都会提到

---

① 刘加玲. 中国高校本科生导师制实施的问题与对策研究［D］. 扬州大学, 2019.

② 刘加玲. 中国高校本科生导师制实施的问题与对策研究［D］. 扬州大学, 2019.

我国高校较大的师生比问题，即师资力量不足的问题，包括从扩招、教育大众化等角度进行分析，因此我国导师指导学生数量严重“超载”，“因材施教”“个性化指导”很难实现；另一个主要问题是很多高校对本科生导师制的认识不足、重视不够，缺乏导学交流、监督、考核、奖励等机制，在缺少约束的情况下，师生在导师制中的表现有欠缺，指导效果可想而知。

第二，导师方面最突出的问题就是职责不清。导师制虽与辅导员制职责之间有交叉，但导师的指导内容应该有所侧重，学业和专业的学习应该是重点，对学生思想引领和人文关怀大多通过人格进行感染。另外，部分导师指导工作积极性、主动性低，工作方法和指导技巧欠缺，师生缺少有效的沟通和平台；部分导师还存在重科研、轻指导的现象，时间分配、指导时长和频率也各不相同。

第三，学生主动性欠缺。学生的配合关系着本科生导师制的总体效果，学生是导师制的主体，如果院校及导师的重视程度不够、宣传力度不足，学生对导师制就会不以为然，学习的主动性和积极性就会缺失，导师制则很难有所效果①。

（七）本科生导师制改进策略研究

研究本科生导师制如何本土化是许多学者研究的一个重点，改进策略主要集中在以下几个方面：

第一，把好导师选拔、聘任关。导师的选拔、聘任应该遵循导师个人意愿，不可强加，同时导师队伍中需要责任心强、甘于奉献、乐于帮助学生的优秀教师。导师聘任的内容要明确导师选拔的条件、职责、义务和权利，必要时成立导师制组，请资历较深、经验丰富的导师担任组长，帮助和指导年轻教师。选聘的导师应该具有包容性、递进性和强烈的责任感，既能给予学生最大的包容和自我表达的机会，也给予自己能够接受学生意见和交流的空间，愿意主动接近学生和了解学生。同时，导师的聘任还需

① 薛毅. 思想政治教育视野下本科生导师制研究［D］. 华东师范大学，2012.

要遵循两个原则：一是推荐和自主报名相结合，注意吸收一批工作热情高的年轻老师参与到导师制队伍中；二是坚持师生双向选择，以学生本人为主、适当协调为辅。

第二，在本科生导师制实施过程中要做到加强本科生导师制的管理，这是一种教学制度，因此必须有相应的规范来保障导师制的顺利实施。这样的制度化保障不是为了让导师感觉到压力，相反是要在学生和导师中树立起新的教育教学制度。但是在我国，导师制起步比较晚，加之随着我国经济的发展，我国高校已经或多或少的“经济化”，使得导师制的确立从一开始就同牛津大学导师制的确立背景和环境有着根本的不同。因此，单纯要求导师自觉地实施导师制已经是不可能的事实。任何一项教育教学制度的确立一定会引来争执，在争执的过程中也必然会引起人们的注意，因此，在这个基础上，笔者认为，我国高校的导师制不能过多地依托学校教师和学生的自觉，应该更多地依靠学校的扶持。所以规范化的管理显得尤为重要。确立的条例必须要深入每个导师和学生的内心，让导师明白自己该做什么，让学生知道这是一项对自己大有帮助的指导教育，是对大班教学的辅助。在设置实施导师制的同时要想好如何更好地服务于导师，创造出导师和学生积极向学的良好气氛。学生直接与导师工作的效果挂钩，应给予导师一定的奖罚，让学生自由地学习。比如不少学校设置了校级导师制工作小组，有的学校则设置了院级导师制工作组，专门管理本学校或是本学院本科生导师，这样的管理设置必须落到实处，做到奖罚明确、指导与处理一体化。

第三，细化工作内容与方式。首先，导师制引入我国高校最主要的目的是培养学生的创新精神和动手能力，使大学生更好地得到学业上的发展与进步。而我国导师的工作职责相对广泛，选课、科研、思想、生活……没有重心，且多与辅导员、班主任工作内容重叠。笔者认为导师制的主要定位应该在学生学业上，帮助学生学业进步，给学生与导师一起讨论相关本专业的知识点、学会动手动脑的机会。在与导师接触的过程中，导师的相关学术思维和严谨的学术学风可以感染学生。在与导师的日常接触中，学生可以领略导师做人做事的良好品质，这样的接触是一种心理、思想的交流，学生将受益终身。

第四，导师指导多样化、专业化。导师和学生的联系还可以借助现代科技的帮助，比如网络、电话等。这样的沟通渠道十分方便，比如大部分导师和学生都会建立一个群，方便学生在里面交流联系。这样良好的沟通渠道是以前的大学生没有的，加以利用必然为导师和学生之间的沟通提供更好的帮助。另外，导师要不断提高自己的学术能力及指导水平。教师的职业倦怠是本科生导师制面临的一大问题。教师年复一年、日复一日的教学，大多情况下已经形成一种习惯。因此，一方面，学校要从思想上和行动上重视对导师的培养和促进，举办各种有利于导师发展的培训或讲座，并且鼓励导师自身的学习；另一方面，导师要在自己的教学过程中不断反思自己的教学行为，主动调动自己的教学热情。这是一个循序渐进的过程，因为导师的指导是在课堂外，大多时候需要导师的主动配合，而且这个指导过程因为学生的不同而不同，因此需要导师源源不断的指导热情，这样的热情不仅需要学校和导师的配合，而且需要导师和学生的配合。因此，导师专业素养的培养、指导水平的提高是十分重要的。在这个过程中，学校的作用是非常重要的。学校一定要重视导师的利益，让真正服务于学生、使学生有所进步的老师得到应有的薪酬。

第五，评价监督考核奖励机制人性化。牛津大学校长安德鲁·汉密尔顿在南京“第四届中外大学校长论坛”上说：“我们特别的优势——昂贵的导师制遇到了严重的财务挑战，但是我们不会因此放弃传统，我们可以停止投资楼房和设备，也不会停止导师制。坚持对人的投资并实施做到优秀是最根本所在，无论是教育理论、招生还是教师团队建设。”由此可以看出牛津大学在人才培养上的决心。我国高校目前走进了一个误区，新建设的校区一个比一个漂亮，可是教师培训和报酬所占高校教育资金的比例较小。大学的建立是为了给学生提供一个接受高等教育的地方、一个读书成才的地方。因此，重点应该放在帮助学生发展上。对导师的经济补贴和精神满足实际上就是对学生发展的投入。因此，学校、院系应以此为出发点，让导师没有后顾之忧地投入工作中来。过于烦琐的评价内容，如导师自评、导师互评、学生评价等，处理起来不仅占用时间，且有时更是形同虚设。导师评价越烦琐反而越达不到预期的效果。导师工作的重心在于学生的学业发展，因此学生进步与否必然决定导师工作的成果。当然，这是很难用实际标准来衡量的，但最重要的一个衡量标准是学生是否真正得益。因此，应该让评价机制升级，让学生的成绩、学生的体会成为导师工作优劣的主要评价方面。另外，大部分的学者认为导师制的实施要有必要的监督机制。笔者认为，监督机制的存在有一定的价值，但是教师作为特殊的职业，监督过多和强制性的干涉往往会让导师做起工作来丧失劲头。简单的指示和强硬的监督往往会使结果相反，导师工作的优劣无法立刻去评价和界定。因此笔者认为，应将监督机制变为一种引领机制，引领的意义在于培训导师，指导导师工作，让导师更好地服务于学生而不是简单地监督导师工作，其效果会更好。换句话说，此机制重在引领而不是监督。如学校成立校级委员会对全校导师进行聘任、管理和培训，旨在从大方向上给予导师工作更好的指导，处理导师和学生关系，帮助导师理清自己的教学内容和职责，定期举行导师培训活动。学院也可以成立院级导师组，导师组负责本院导师事务。可定期举办交流会，让有经验的导师汇报，还可以组织导师进行小型座谈会、经验总结会等彼此交流心得。监督变为指导的同时，导师工作也从被动变为主动，导师在有指导的情况下有条不紊地进行工作。没有硬性的指示，要鼓励导师轻松面对学生，让导师和学生之间有一个更好的交流。

第六，培养教学相长的学术氛围。一方面，浓厚学术氛围形成的前提之一是学生养成主动学习的习惯。对学生来说，大学时光正是自主人生的开始，这个时候被动的学习习惯被主动的学习激情所取代往往可以使学生取得更好的发展。因此，使学生平稳过渡是教师应该努力做好的事情。另一方面，学生自身应该克服被动学习的习惯，养成积极主动学习的习惯。要鼓励学生积极进行自我思考，不用害怕与导师就某一个学术问题产生争论，而应把它当作学术思想上的碰撞，让学生真正成为学校的主人，让学生可以养成积极思考、努力创新的学习热情。浓厚学术氛围的营造离不开课外研学平台的搭建。首先，可以在学生和导师接受的范围内增加课外学习的量，理工科可加强带有科研性质和设计性质的作业练习，文科类可列出相应的课外阅读书籍、论文等，在此基础上加强导师和学生之间的“导”；其次，在精简课程总量的基础上，可以加上必要的课外科研环节，如科技月、读书节、讨论班、报告会等各种形式的活动，活跃学生思维，让学生觉得创新和思考离自己的生活并不遥远，并使其成为学生评优评先的一个标准。只有当这样的一个平台存在时，学生在学校学习才会有指向标，才能更好地、更加积极地联系导师，从而主动地投入自己的生活和学习中去。另外，当导师感受到学生知学上进的时候，当付出有了回报的时候，导师工作便更有了主动性，才有动力更好地为学生服务。这些都是环环相扣的，因此，良好学习环境的养成离不开浓厚的科研学术氛围。

第七，明确各管理人员分工。导师的工作重在一个“导”字上，在于指导、引领；而辅导员和班主任重在一个“管”上，是管理者的角色。导师工作具有唯一性和不可取代性。导师制是针对学生学业建立起来的一种指导模式，因此导师工作一定要有明确说明，不能以偏概全。各个学生管理人员的工作一定要有分工，相互协调，都是为了更好地为学生服务，让学生更好地生活，因此最重要的是各尽其职、发挥特长，让学生学有所成①。

四、 本科生导师制实施意义的理论研究

经过600多年的历史沉淀，本科生导师制成为培养创造性人

---

① 王妍妍. 我国高校实施本科生导师制的管理研究［D］. 福建师范大学，2011.

才的一种重要途径，具有明确的现实意义。其主要表现在以下几个方面：

（一）有利于提升人才培养质量

本科生导师制作为我国高等教育人才培养的战略导向，是我国高等教育大众化背景下高等教育资源配置优化和质量提升的重要表现，是课程体系改革的新举措，是学分制、选课制的重要补充和保障，对人才培养质量的提升具有明显的效果。

第一，本科生导师制的实施有利于大学新生尽快适应大学学习和生活。大学学习与高中学习完全不同，绝大部分学生无法独立设计出适合自身发展的学习方案，导师可以在学习方法、技巧上，在生活方式上给予学生帮助，并帮助其制订个性化的学习方案，缩短学生的适应期。

第二，本科生导师制的实施有利于帮助学生构建合理的知识结构。在现行学分制下，学生有一定的自主性来选择自己的学习课程，但由于新生能力、经验有限，对课程之间的联系并不了解，因此选择时具有随意性和盲目性；有些学生学习能力很强，学有余力之余想学一些交叉学科和边缘课程，却无从下手；也有一些同学片面追求学分，选择考试容易通过、容易获得学分、上课老师不严的一些课程，根本没有学到东西，所学知识也杂乱无章、支离破碎。通过导师的指导，可以大大减少学生在专业学习和课程选择时的盲目性，有利于所学知识的重构。

第三，本科生导师制的实施有利于培养学生的自学能力和创新能力。在导师制的平台上，学生有机会参加导师的课题和科研项目，在导师的指导下完成一定的科研任务，这些能力是在课堂上学不到的。通过导师的引导，学生会带着问题去寻求答案，化被动学习为主动学习，使自己已有的知识系统化、条理化、清晰化，具体问题具体思考、论证，这些实质上就是培养学生创新能力的基础。

第四，本科生导师制的实施有利于因材施教。本科生导师制基于“一对一”个性化指导，导师与学生通过面对面沟通和相互了解，导师指导更具针对性、个性化，可以将因材施教落到实处。学生可以在导师的指导下，根据自己的兴趣爱好选择适合自己的职业规划和发展方向，参加科技竞赛、社会实践和志愿服务，锻炼自己的实践能力，培养创新思维，发挥自己的潜能。

第五，本科生导师制的实施有利于教书与育人相统一。在与导师交流的过程中，学生可以充分地感受到导师严谨科学的治学态度和刻苦钻研的精神，导师对待事物的看法、处理事情的方法和成功经验都能潜移默化地影响学生，其在学术上的造诣和孜孜不倦的追求也深深感染着学生，谈心谈话和情感交流更令学生在生活态度上和未来迎接挑战时充满信心，从而达到教书与育人相统一①。

（二）增强学生身份认同感、获得感、归属感

在未实行导师制之前，高等教育教学实施班级授课制，师生比一比几十甚至几百，部分教师上课对着书本讲知识或者读PPT，将通识知识一股脑教给学生。学生在课堂上很难记住，课后缺少时间复习，课余时间也很难找到老师解答疑惑。学生一路跌跌撞撞，因此认同感、获得感、归属感普遍较差。本科生导师制的实施本质上是师生共同研究学问，通过师生双向选择将感兴趣的双方聚在一起组成平等、互助的团队，在大家相互熟悉、了解的基础之上，开展学习和学术探讨，一起成长和进步。在此过程中，导师根据学生之间的个性化差异实施精准化指导，具有导向性和指向性的引领作用，避免了学生“随波逐流”“盲人摸象”的误打误撞，从而增强了学生的身份认同感、获得感和归属感。

（三）增强教师责任心、工作价值取向和归属感

目前，中国高等教育普遍缺少支持教师参与管理的制度，学生与老师的联系仅仅局限于课堂，师生距离感较强，专门的行政管理人员（如辅导员）又因为需要面对几百个学生而分身乏术，因此本科生导师制的实施很好地弥补了这一方面的不足。本科生导师制在学生和专职教师之间架起了一座桥梁，师生可以平等地

① 刘连环，等. 本科生导师制探索与实践［M］. 北京：中国财政经济出版社，2018（6）.

沟通、交流，给学生学业发展提供了支撑，同时也为教师参与学生管理提供了一个平台。把学术和管理作为教师的责任和义务，有利于增强教师的责任感和使命感，对提高其在组织中的归属感具有重要的意义。

同时，本科生导师制确立的师生定期交流具有长期效应。当导师看到学生在自己的指导下学业、综合能力等诸多方面得到提高时，一定会感到高兴和欣慰。导师与学生长期交流过程中形成的师生情谊、同学情谊，会陪伴彼此一生。学生在学习上明显的进步，竞赛获得优秀的名次，这些都会给导师带来极大的喜悦和满足。教师是一种充满梦想和朝气的职业，许多教师的追求都寄托在学生的身上，因此导师制的实施有利于改变教师的工作价值取向，不断激励教师培养出更多、更优秀的人才。

（四）提高资源配置效率

实施本科生导师制是对大学教师人力资源配置效率的提高。大学人力资源管理的策略是人尽其才，因此要使那些在教学上具有极高天赋的教师担起教书育人的职责，培育出一支教学工作热情高、能力强的教学型教师；让科研能力强且潜心学术的教师发挥其在研究能力上的优势，主要承当科研职责而形成科研型教师队伍。在我国，有一些教学型高校并不具备做学科研究的条件，应鼓励教师专心培训学生，鼓励其潜心教学、改进教学方法，人尽其才，提升人力资源配置效率。而对于一些科研型的院校，本科生导师制的实施可以更好地利用院校科研平台、重点实验室、实习实训基地、校外导师、政校企协同育人等资源，最大限度、最高效率地培养技能型人才。

（五）实现大学教育的目标

本科生导师制的实施，学生在导师的指导下进行阅读和撰写读书报告、参加各类比赛、申报课题、师生面对面交流等，可以使学生在书面表达和口头表达能力上有明显的提升，这些对将来学生尽快适应工作具有长远的意义。导师制实施过程中，导师为学生提供了一个主动学习的环境，给予学生遇到问题主动表达自己的机会，学生也可以通过自己收集整理资料来论证某一观点，学生之间可以互相提出疑问、相互切磋，教师再进行适当的指导，达到和谐讨论学术的目的。在此期间，可以培养学生的自主能力和批判性思维，同时提高学生的创新意识，开拓其国际视野，使其懂得尊重和包容他人的观点，这些能力与美德有助于学生公民责任感的养成。另外，学生在导师的鼓励下参与假期社会实践、志愿服务和课外活动，可以更好地了解社会的现实需要和他人的需求，用所学的知识分析和解决社会问题，这些都有助于提高学生的社会主人翁意识，有助于提升学生的公民素养。

第三章　江苏科技大学生物技术学院本科生全程导师制经验

本科生导师制是高校的一种人才培养模式，是指由特定的教师长期为本科生教育阶段提供具体的、稳定的、个性化的、差异化的指导，旨在推动教学相长，提升育人质量，形成合力的人生规划。江苏科技大学生物技术学院 从2014 年开始在蚕业研究所的科研力量基础之上实施本科生全程导师制，在本科生四年培养的整个过程中，本着因材施教的原则，推荐教师对学生的学业规划、专业学习、开展科研活动和社会实践等方面切实加强个性化的指导，提高本科生培养质量。2017 年 9 月，中共中央办公厅、国务院办公厅发布《关于深化教育体制机制改革的意见》（简称《意见》）,要求践行深化教育体制机制改革的基本原则，切实将党中央健全“全员、全过程、全方位育人”的体制机制要求落到实处。生物技术学院立足现实基础，潜心研究，前后经历了“研究探索—试点—完善—全面实施—再完善—再推广”的探索和实践过程，形成了一条符合自身实际、具有鲜明特色的本科生全程导师制的发展之路，形成了较为完备的制度运行体系、配套制度和保障机制。

一、　全程导师制实施的基本情况

（一）实施背景

2014 年，江苏科技大学决定将原生物与化学工程学院 500 多名生物技术、生物工程专业本科生划归蚕业研究所，成立新的生物技术学院。为了充分体现蚕业研究所生物技术学院融合发展理念，在一个长期从事科研工作的专业研究所做好大学生人才培养工作，发挥本单位各部门在本科生教育和人才培养方面齐抓共管、全员育人的作用，结合本单位实际情况，学院决定实施本科生全程导师制。其主要考虑以下三点：

1. 学工人员不足。通过实施本科生导师制弥补学院学工队伍人员不足的问题，避免学生管理粗犷化，甚至出现管理盲区；同时，希望通过专业教师的引导解决专业调剂入学的生物类学生专业认同不足和专业兴趣点低的现实问题。

2. 科研反哺教学。通过本科生导师制实现蚕研所科研资源反哺本科教学。生物技术学院和蚕研所在拥有的师资、教学平台和科研资源条件方面，完全具备实施本科生导师制的条件。学院教师总人数 119 人，其中 80 多名专职科研人员基本没有本科教学任务，每年本科生数约 140 人，师生比接近 1∶1.5。所院拥有 8 个省部级实验平台，每个课题组都有自己的实验室，大部分老师有自己主持的科研项目。

3. 提升人才质量。通过本科生导师制，呼应学校教育教学水平提升工程，尝试重构学生学习动力，提高本科生培养质量。在高等教育进入普及化阶段后，如何让学生成为主动的学习者，让他们对自己的学习更负责，是不同国家面临的共同问题。我们认识到，重构学习者的学习动力仅靠学工人员的思想教育和专业教师的课堂教学显然是不够的，必须要在学生制订学业规划、进行专业课学习、开展科研活动方面切实加强个性化的指导，本科生导师制能够比较好地解决这些问题。

（二）实施目的

1. 丰富师资力量，全方面关爱学生成长

班主任和辅导员的主要工作职责是负责学生的日常生活管理和思想政治工作，而导师的主要职责是负责指导学生的专业学习，以及培养学生的学术科研素养，重在对受导者潜质开发和追求提升方面的指导，兼顾学分制下课程选择、考试准备等的引导，协助和配合开展日常教育、管理与服务。

2. 强化科研能力，提升综合素养

本科生全程导师制注重学生自学能力、知识转化能力的培养，并对专业前景、择业情况做前瞻性指导，全面培养学生的综合能力和素质，提高学生自主、创新能力，丰富学生知识结构体系，拓展学生科研视野。

3. 提升教学水平，量身定制发展方案

通过实施本科生导师制，响应学校“教育教学水平提升工程”，尝试重构激发学生学习动力、承载导师资源丰富、科研实力强大的教育教学平台，搭载每一个学生的个性化发展，实现每一个学生都有贴合自身的培养发展方案，提高本科生培养质量。

（三）发展阶段

在不断改进和完善过程中，所院本科生全程导师制经历了三个发展阶段：

第一个阶段，研究决策阶段（2014 年 9 月—2015 年 8 月）。2014 年 9 月，学院决定全面实施本科生全程导师制；同年 10 月 12 日印发《本科生全程导师制实施意见》，明确了学院做什么、导师做什么、学生做什么，11 月 4 日完成第一批 74 名导师的聘任工作；随后组织两轮师生互选，74 名导师与 106 名 2014 级新生、82 名 2013 级学生实现对接；11 月 12 日举行导师聘任大会，全面推进本科生导师制工作。

第二阶段，全面实施阶段（2015 年 9 月—2016 年 8 月）。学院对 2015 级 120 名新生配备的 71 名导师予以聘任，结合 2012 级学生的毕业设计（论文）选题，实现了本科生导师制的全覆盖。重点抓新生转型，送出去请进来，使其体验感知专业魅力。夯实日常管理，发挥榜样力量，分类培养优秀人才。

第三阶段，调整完善阶段（2016 年 9 月至今）。2016 年 9 月，学校提出“辅导员+学业导师”的新模式，学院对实施过程中的一些问题进行了专题研究，要求全院严格按照江科大校〔2016〕96 号文件《江苏科技大学学业导师制实施办法（试行）》，在全院范围内开展“点面结合”的本科生全程导师制，即每个班级安排专职辅导员、班级学业导师和学生个人导师，并且出台了三项完善措施。

第一，建立点面结合的导师工作模式。以班级为单位组选聘具备专业特长或面向工作实际的学业导师，与学生对接的个人导师形成点面结合的导师团队，形成教师团队指导上的优势互补，促进相应师生搭档形成比学赶超的局面。

第二，建立个人导师的动态调整机制。每年 9 月对学生和导师进行适当调整，优质师资尽量向想学习、能学习的学生倾斜，对少数学生干部、社团负责人采取个性化的培养模式，促使学风建设、专业学习、创新能力的培养更有成效。

第三，完善点面结合导师考核奖励办法。加强学业导师和个人导师在本科生指导过程中的相互配合，明确导师的责任意识和成果意识。除了学校提供的学业导师奖励办法，学院按照 30% 的比例评选“优秀本科生导师”，并给予一定奖励。

截至 2020 年 6 月，学院完成了 88 名本科生导师的聘任，实现 500 名本科生的导师全覆盖。“点面结合”的本科生全程导师制贯穿于整个大学期间，且不同阶段各有侧重：大一以新生适应大学学习生活和专业认同教育为载体，协助做好新生转型教育；大二以参与实验室相关工作和以导师团队为单位组织系列专业学习讨论会为载体，侧重于指导专业学习；大三以本科生创新计划项目研究为载体，侧重于培养创新实践能力；大四以指导毕业论文为载体，协助做好就业升学工作。

（四）制度设计

1. 指导思想

（1）本科生全程导师制主要指在本科生四年培养的整个过程中，本着因材施教的原则，学院推荐一些教师为学生学业和健康成长提供导向性和指导性服务。蚕业研究所生物技术学院在职教师均有义务承担本科生导师制的相关工作。学院优先聘请有经验的教师担任本科生导师。

（2）导师和学生之间采取双向选择的原则。领导小组建立导师库，并组织学生和教师进行双向选择。

（3）本学院本科生实行三位一体的管理模式，即学生接受辅导员、班主任和导师的共同管理。学生工作实行以班级为基础的管理，一般辅导员负责学生思想政治、学习生活等方面的辅导和教育，而导师主要负责学生专业知识和专项能力的培养，并对学生的成长成才过程给予呵护和关心。

2. 组织领导

为了加强对本科生导师制的组织管理，学院成立蚕研所生物技术学院本科生导师制工作领导小组。领导小组由蚕研所生物技术学院领导班子、系主任、综合办主任、教务办主任、学工办主任组成，院长任领导小组组长，党委书记任副组长。领导小组具体负责导师的聘任、培训及优秀导师的表彰等工作。教务办具体负责导师资格审核、建立导师库、优秀导师的评选等。学工办具体负责汇总学生信息、分配学生、搭建师生互动平台。

3. 导师遴选、聘任要求及指导周期和人数

（1）恪守教师的职业道德，为人师表，热爱学生，具有敬业精神。

（2）具有中级以上职称或硕士以上学位的在职在岗教师，原则上凡符合任职条件的教职员工都应担任本科生导师。

（3）所院每年举行导师聘任大会，创新聘任模式，打破专业限制。

（4）在师生双向选择的前提下，每位导师在每个年级指导的学生数不得超过 2 人，面对面指导每两周不少于 1 次；学生在一年级第一学期末选择导师，在第二学期至第八学期期间接受导师的指导。

4. 导师职责

（1）坚持“以学生为本”和“因材施教”的教育理念，按照学校有关规定和专业培养方案的要求，为学生提供指导性、导向性和咨询性意见，帮助学生树立正确的人生观、价值观和社会主义荣辱观，做好学业发展规划。

（2）本科生导师职责的主要内容有：思想引领、选课指导、学习辅导、心理疏导、科研训练、社会实践指导、创新能力培养、论文报告会指导、就业升学指导等。

（3）导师应根据不同年级学生的实际情况和教学目标，围绕学生的健康成长和学业规划给予相应的指导，帮助学生完善学习方法。即针对大一学生侧重于新生转型教育，对大二学生侧重于专业引领学习，对大三学生侧重于专业学习和创新实践，对大四学生侧重于毕业设计（论文）和就业升学指导。

（4）导师应主动联系学生，和学生保持相对稳定的接触。导师应根据师生双方的情况制订工作计划，可以通过集体谈话、组织讨论、个别谈话等方式对学生进行指导，也可以通过新媒体、电话等形式进行。面对面指导一般每两周不少于1次。

（5）导师应加强与学工办、教务办、辅导员、班主任的联系，收集和反馈学生对教育、教学及管理工作的意见，对需要重点关心的学生，导师可向学院提出工作建议。

5. 学生职责

（1）本科生导师制面向全体本科生。学生应加强对学科和专业的认识，提高学习的积极性、主动性和针对性，努力培养自己的科研意识和实践技能。

（2）学生要尊重导师，虚心求教，服从导师的教育与管理；认真参与导师确定的各项活动，完成导师布置的各项任务；如实填写指导记录，客观、公正评议导师的指导情况。

（3）学期末由导师对学生进行考核评分，所得分数作为综合测评的依据之一。考核优秀者，在各类评奖评优时，同等条件下予以优先考虑；考核不合格者，将在本学年内不给予任何的评奖评优。

（4）学生在大一第一学期开始选择导师，大三第一学期可以提出导师更换申请，由领导小组根据实际情况对其导师进行调整。

6. 导师管理、考核、监督和奖励机制

（1）导师的聘任、管理由教务办负责，每学年第一学期为导师聘任期。

（2）本科生导师采取教师个人申请，教学系、研究室（课题组）推荐的方式，报学院本科生导师制工作领导小组考察认定。

（3）学院倡导以导师组形式指导学生小组以便导师之间优势互补，互相协作。鼓励导师结合工作实际组成导师组，共同指导一个学生小组（5~6 人）。导师组一般不少于 3 名教师，其中青年教师最多 2 名。导师组组长由高级职称教师担任，并确定 1 名青年教师为执行导师。

（4）学院印发《本科生指导手册》，由学生本人保管，指导老师在导师指导栏记录指导工作情况、约谈记录等，学院每个学期收取一次做定期检查。

（5）本科生导师考核每学年一次。考核主要从导师指导学生的工作态度、指导方法的科学可行性、被指导学生的学业或就业情况、学生对导师的评价等方面综合评价导师履职情况。

（6）倡导全体教职员工参加导师工作，导师工作与绩效考核挂钩。学院设立“优秀本科生导师”称号，对工作表现优异、成绩突出的导师，学院给予表彰并奖励。优秀本科生导师以导师组为单位进行推荐，推荐比例为各导师组导师数的 30%。

（7）对违反师德和学术道德的教师取消其导师资格。

二、 所院本科生全程导师制实施现状调查及分析

（一）调查目的

导师制实施五年来成果突出。一方面，导师制有利于加强学生思想意识的引导，有利于解决专业调剂学生对生物专业认同不足等现实问题；另一方面，有利于实现学科、科研、师资、平台和文化等资源反哺本科教学，提高教育教学质量，引导学生变被动接受为主动学习。同时，导师制的实施也凸显出一些问题。为

进一步了解和分析本科生全程导师制实施现状和可能存在的问题，笔者在生物技术学院实施了问卷调查，共回收学生版问卷362份（其中有效问卷360份）、导师版问卷56份，并对结果做了详细分析，在此基础上提出了几点改进导师制工作的建议。

（二）调查对象与方法

在江苏科技大学生物技术学院，抽取不同年级、性别、专业的在读本科生为调查对象，同时对本科生导师进行问卷调查，综合分析本科生全程导师制实施现状和存在的问题。

（三）导师制实施现状调查及分析

1. 现行《意见》下导师制实施效果

《意见》对导师制指导思想、导师职责和学生职责做了明确说明，那么师生对导师制实施的认同感和效果评价到底如何呢？

（1）师生对导师制实施的"认同感"

学生对导师制实施背景与目的的了解程度，对导师制实施的认同感和效果评价起到关键性和决定性作用。调查结果显示（如图3-1），仍有近四分之一的学生不了解或不太了解导师制实施背景与目的，完全了解的学生仅占16%。这说明，导师制实施背景与目的的宣传工作还有待进一步加强。

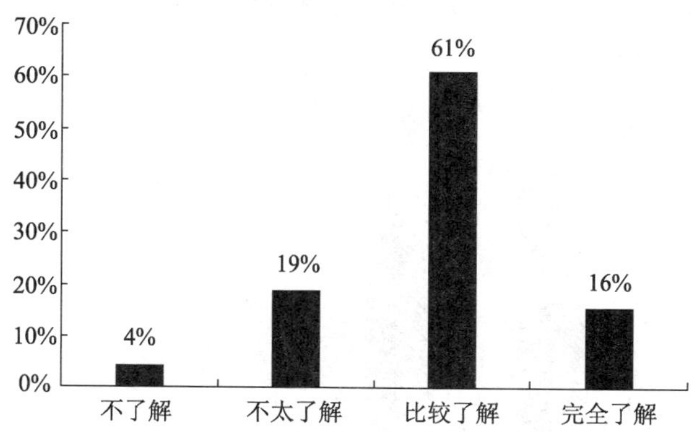

图3-1　学生对本科生导师制实施背景与目的的了解程度

另外，问卷就导师制实施的必要性即学生对本科生导师制实施的看法设计了一个单选题，结果如图3-2所示。93%的学生认为有必要实施本科生导师制，认为导师制的实施确实能为自己的学习、生活、科研和社会实践等方面带来帮助；同时，也有42%的学生认为导师制还需要不断优化顶层设计、完善相关制度才能达到理想效果。从导师的角度来看，93%的导师赞同或者完全赞同本科生导师制的实施，其余导师基本赞同，并无导师不赞同，可见导师制的实施离不开导师的大力支持。

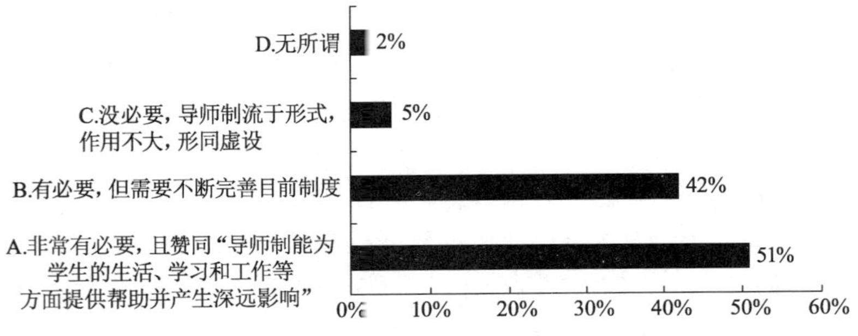

图3-2　学生对本科生导师制实施的看法

（2）师生对导师制实施效果的“获得感”

从图3-3可以看出，师生对导师制实施效果的评价趋势基本一致，但仍有超过一半的师生认为导师制的实施效果并没有预期的那么优秀，需进一步加强导师制实施背景、目的和成效宣传，增强师生“认同感”和“获得感”。

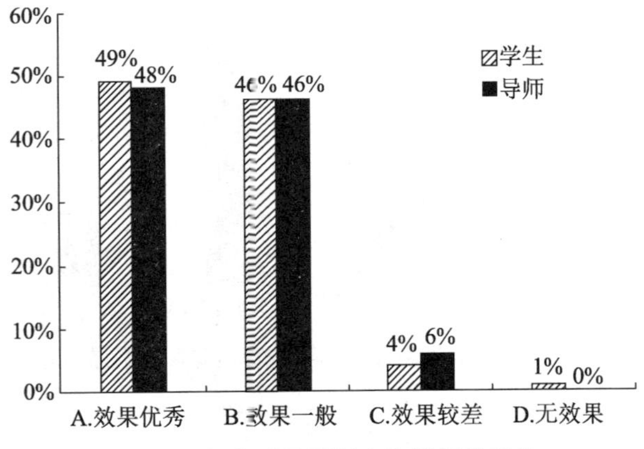

图3-3　师生对导师制实施效果的评价

（3）师生之间的实际联系程度和交流方式

调查问卷从学生和导师建立师生关系后，师生之间的联系程度、平均每次约谈交流时长及主要采取的联系方式三个方面设计了问题，结果如图 3-4 至图 3-6 所示。

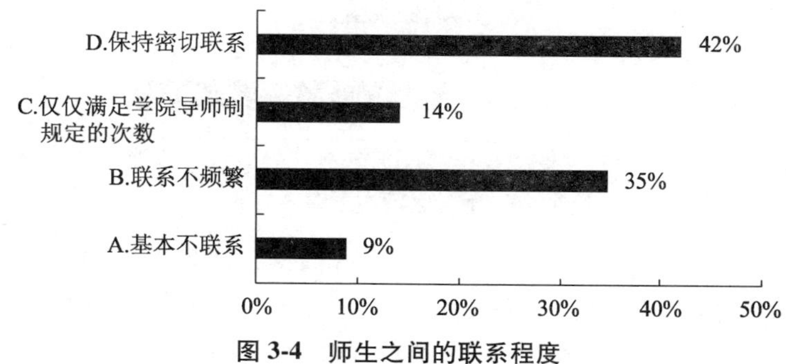

图 3-4　师生之间的联系程度

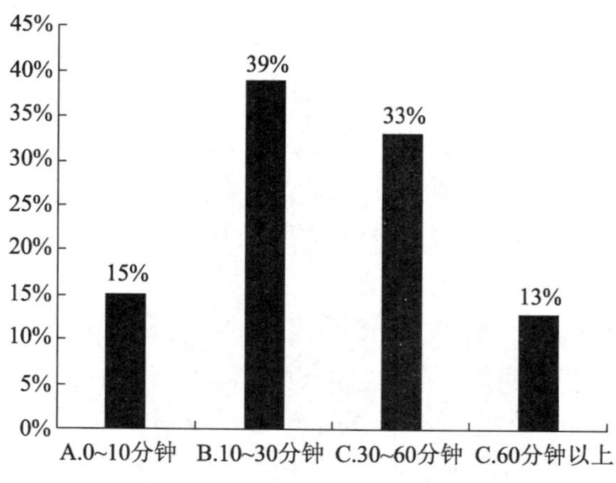

图 3-5　师生每次约谈交流时长

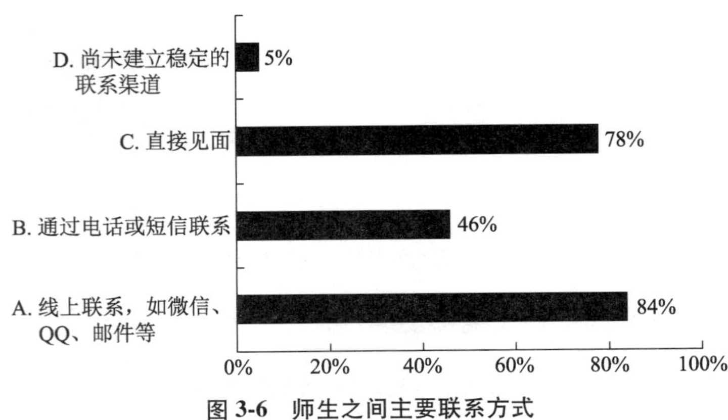

图 3-6　师生之间主要联系方式

与导师联系不频繁和与导师保持密切联系的学生分别占 35% 和 42%；从交流时长上来看，约 54% 的学生与导师见面交流时长不足半个小时，仅有 1/8 的学生与导师见面交流时长超过 1 个小时；从联系方式上看，大部分学生与导师都有稳定的联系方式，如微信、QQ、电话、短信等，或者采用直接见面的方式，但仍有 5% 的学生尚未与导师建立稳定的联系渠道。

（4）学生对导师履职情况的反映

《意见》中第四条对导师职责提出了一定的要求。为进一步调查导师制实施中导师的履职情况，问卷针对学生在思想、学习、生活等方面获得的指导和帮助设计了三个题目，调查结果如下：

在思想方面，师生之间谈心谈话的交流方式可以帮助学生应对大学学习、生活中的困难、挫折和压力，以及处理人际关系等方面的问题。调查显示 82% 的学生表示导师在应对困难、挫折和压力等方面对他们提供了帮助，61% 的学生表示导师积极帮助自己谋划大学生职业生涯规划，55% 的学生表示导师在处理人际关系方面对自己提供了帮助。这表明导师在学生思想引领和心理引导上均有一定的帮助。

在学习方面，导师对学生的指导主要集中在课程学习方法、科学研究和竞赛指导等方面。其中，认为导师曾经给自己介绍过专业情况的学生占到三分之二；认为导师能够指导自己学习方法，使自己增长知识，了解更多专业知识的学生占了 77.7%；约 66% 的学生参与导师的科研项目并获得了学科竞赛方面的指导。这说明学院实施导师制后，导师对学生在专业指导、科研训练、学科竞赛等方面做出了诸多指导。相比之下，导师在课程学习和考试方面对学生的指导则相对较少。

在生活方面，14.5% 的学生认为从未得到过导师在生活上的帮助，85.5% 的学生在生活上得到过导师不同形式上的帮助。其中，37% 的学生认为导师对自己的生活比较关心，36%的学生认为导师帮助自己适应了大学生活，12.5% 的学生认为导师曾经帮助过自己解决生活上的困难。

《意见》指出："导师应主动联系学生。"针对师生之间是否已经建立和谐、稳定、融洽的关系的问题，问卷结果显示：57% 的学生表示在交流过程中导师表现主动，而且有的导师能够积极引导学生说出心中的想法，有的导师还会做充分的准备，比如推荐学习资料、好的书籍等。21% 的学生表示在交流过程中，自己比导师更主动，导师主要以答疑解惑为主。22% 的学生则认为，谈不上谁更主动，每次都是日常话题随便聊聊。在对导师的问卷调查中，95% 的导师均能按照《意见》的要求，通过不同方式主动联系学生。为进一步了解学生在师生交流过程中的主动性，问卷设计了一个单选题。结果显示，57% 的导师认为，学生除了在写毕业论文期间联系导师较多，平时则很少主动或者不会联系导师，表明学生在师生交流过程中主动性仍然不足。

2. 导师制实施存在的问题及原因分析

综合上述调查结果分析可知：实施导师制一是符合高校立德树人的目标；二是能够在一定程度上帮助学生适应大学生活，在专业知识学习方法、科学研究、社会实践等方面让部分学生受益匪浅；三是在导师制实施过程中，大部分导师能够对学生做出相应的指导，履行自己的职责。同时我们也看到，目前导师制实施还存在一些问题：首先学生对导师制的认识还不够全面；其次在师生沟通交流中学生主动性不足，未能与导师建立稳定、和谐的师生关系；最后，导师制实施效果不理想，有待进一步改善和提高。

学生对导师制了解程度不够的因素有很多，比如学生的主动性、学生所在学院关于导师制的宣传力度不足，以及所在系、教研室、课题组等其他客体因素。为此，我们从“导师所在的课题组对本科生全程导师制的重视程度”这一角度出发设计了一个单选题，结果显示46%的学生认为所在课题组对导师制不够重视或者很少过问，甚至有几名学生认为所在课题组对导师制根本不重视。这说明，今后导师制在实施过程中还需要进一步引起导师课题组的重视。

为了进一步分析其中原因，问卷还设计了两个相关的多选题。首先，从学生个体主观角度设计了一个多选题，主要了解学生与导师见面次数少甚至无法交流的主要原因，结果如图3-7所示：

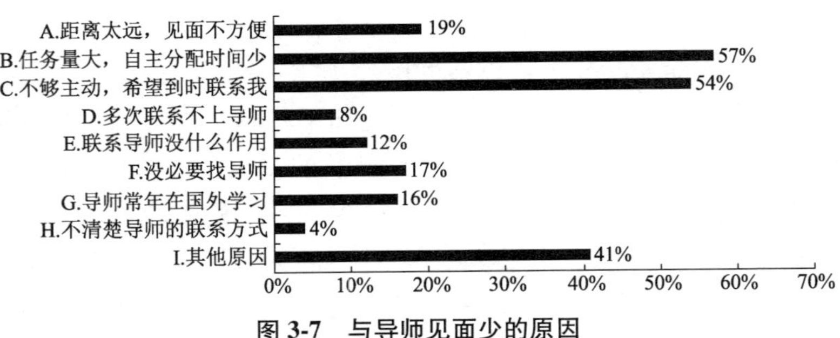

图3-7　与导师见面少的原因

从图3-7可以看出，师生交流存在三大难题：一是师生交流时间无法保证；二是学生缺乏主动性；三是其他原因。也就是说，还有其他相当多的原因不在考虑选项之内，有待进一步调查与分析。

其次，从制度实施的评价角度设计了一个多选题，即“你认为目前导师制实施过程中存在哪些问题”，结果如图3-8所示：

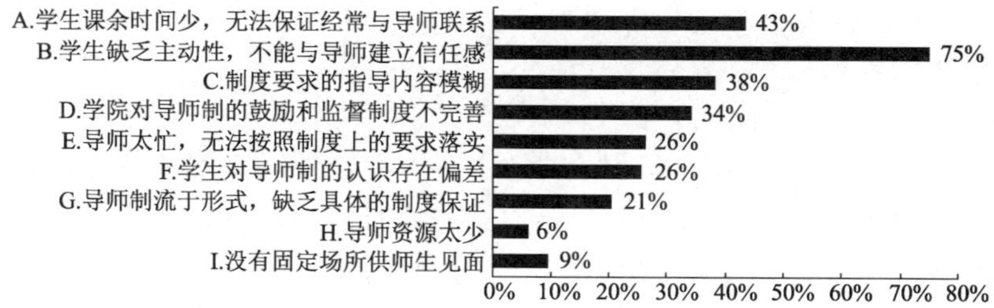

图 3-8　目前导师制存在的最主要问题

结合图 3-7 和图 3-8 的调查结果，可以得出三点结论：一是从学生的角度来看，学生缺乏主动性、不能与导师彼此信任、课余时间少是学生不联系导师的主要原因；二是从导师的角度来看，导师自身科研任务重、在校时间短等是阻碍导师制有效实施的主要原因；三是从制度本身的角度来看，指导内容模糊、鼓励和监督机制不完善、缺乏制度保障等问题在后期改善方案时需注意。

3. 完善导师制《意见》的调查分析

为进一步完善导师制实施意见，以满足学生对本科生全程导师制的期望，调动师生参与积极性。从学生的角度出发，我们在问卷中从导师指导人数、指导方式、交流频次、期望和实际获得的指导内容以及选择导师时的关注点等方面设计了题目；从导师的角度出发，我们在问卷中着重于关注导师制的顶层设计，比如是否有必要建立导师制评价、考核、监督和奖励机制，是否有必要定期进行总结、交流和分享等，结果分析如下：

（1）《意见》中符合学生实际的规定得到了肯定：

① 每名导师指导的学生人数

从图 3-8 的调查结果可知，只有 6% 的学生认为导师资源太少是限制因素之一，这从侧面也说明学院的师资力量完全具备实施本科生全程导师制的条件。调查结果还显示，有四分之三的学生认为一位导师同时指导 1~2 名学生比较合适，有四分之一的学生认为 3~5 名比较合适，68% 的导师认为指导 1~2 名学生比较合适，23% 的导师认为指导 3~4 名比较合适。调查结果总体上与

《意见》中规定的“每位导师每一年级指导不超过 2 名同学”是基本一致的。

② 适合的指导方式和交流频次

调查结果显示：42.5% 的学生表示希望可以与导师不定期见面，31% 的学生表示需要与导师见面的时候能见到，希望能与导师单独见面的学生占 42%，希望与其他同学一起采取集体见面方式的占 27%。另外，在交流频次上，38% 的学生认为与导师每月交流两次比较合适，还有 22% 的学生希望每周交流一次。综合以上调查结果，《意见》中导师职责第四条“导师面对面指导每位学生一般每两周不少于一次”是比较合理的。

（2）导师聘任条件需进一步优化

“导”师与“教”师相比虽只有一字之差，但教师重在“教”，即传授专业知识与技能；导师则重在“导”，即为学生的品德、学业、发展等方面提供建议和指导。在学生的成长发展过程中，能有一个为学生传道、授业、解惑、谈得来、满足其发展需求的导师是促进学生主动接近导师的主要因素之一。《意见》第三条导师聘任条件中对导师的职业道德、敬业精神、职称等提出了具体要求，而事实上学生在选择导师时会关心哪些问题呢？针对该问题我们设计了一个多选题，即“导师选配时，你会考虑导师的哪些方面”。调查结果显示：94% 的学生对导师从事的专业领域最为看重，其次是导师的性格爱好和人生经历，分别占到调查学生人数的 56% 和 54%，而对导师的学历、职称、年龄等方面并不是太在意。综合以上调查结果，在《意见》中可以将导师所从事的专业领域、研究方向等纳入具体要求指标。

（3）导师的指导内容和途径需要进一步明确

尽管《意见》中第四条对导师的职责有了比较详细的要求，但为了今后导师在具体指导上能更有针对性，问卷特从“学生期望”与“实际获得指导”两个方面设计了多选题，了解导师们的履职情况，结果如图 3-9 所示：

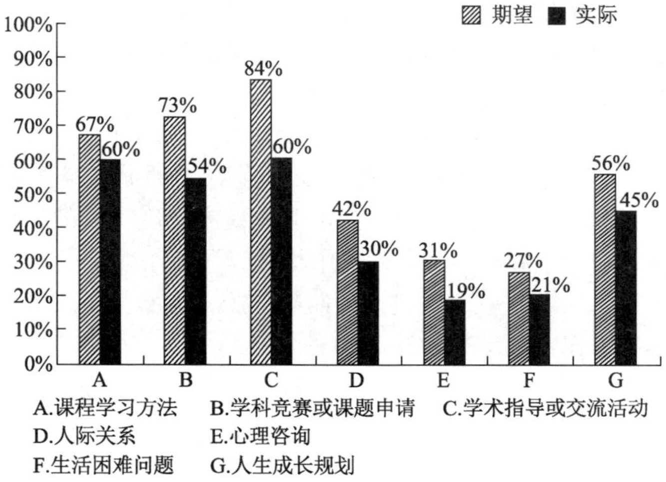

图 3-9　学生从导师那期望/实际获得的指导百分比（N=360）

从图 3-9 可以看出，期望在学术指导或交流活动中获得指导的学生占到了 84%，期望在学科竞赛或课题申请上获得指导占到了 73%，超过半数的学生期望在课程学习方法和人生成长规划上获得指导。但是通过对比发现，学生从导师那里实际获得的指导几乎都不能满足他们的需求，尤其在学术指导或交流活动、指导学科竞赛或课题申请、人际关系交往和人生成长规划上与期望值差距较大，因此在今后的导师制实施过程中，师生双方需要在这些方面共同努力。

（4）导师评价、考核机制有待进一步完善

《意见》中第六条导师聘任管理中对导师评价、考核、监督和奖励机制做了一定的说明，那导师们对此有何看法和意见呢？问卷特从以上几个方面设计了 1 个单选和 2 个多选题项，具体分析结果如下：

对于“您认为有必要建立导师评价体系吗？”一题，约 72% 的导师认为有必要或者完全有必要建立导师评价体系，并且超过半数以上的导师认为，可以将学生评价、导师自评和导师制工作领导小组考核等项目纳入考核范围，考核因素包括导师的日常指导记录、被指导学生的科研情况、心理健康状态、获奖情况和学习成绩。由此可见，导师制评价、考核机制在今后导师制实施过程中有待进一步完善。

（5）学工办作用的发挥需要不断加大

调查结果显示，还需要进一步加强对导师制实施背景、目的、意义和成效方面的宣传。为进一步提高制度贯彻的针对性和指导性，在学生版和导师版问卷中均设计了一个多选题（选择不超过 4 项），“为进一步促进导师制的实施，你希望学工办在其中开展哪些工作?”，结果如图 3-10 所示：

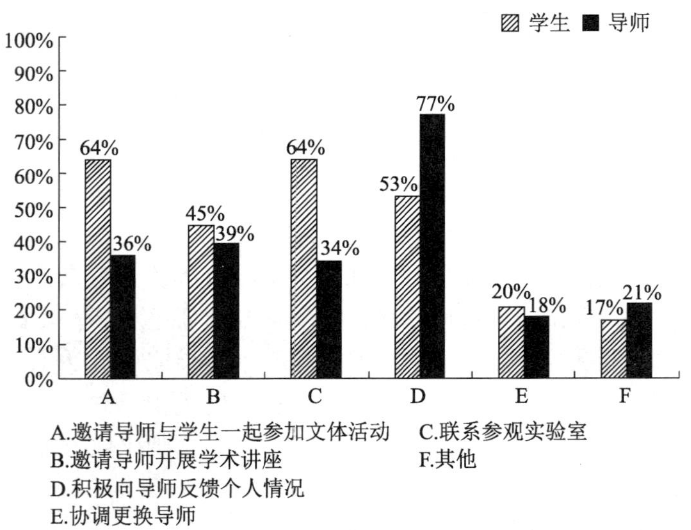

图 3-10　师生期望学工办在导师制实施过程中开展哪些工作

可以看出两点：第一，大部分的学生和老师希望学工办发挥“桥梁和纽带”作用，搭建师生交流服务平台，加深师生彼此之间的了解和信任。比如师生一起参加文体活动，联系参观实验室等。第二，老师们强烈希望学工办能够积极向导师反馈学生个人情况，还希望邀请导师给学生开展相应的学术讲座。

三、 对导师制工作的几点建议

针对以上调查结果，提出如下几点建议：

第一，“打铁还需自身硬”。导师制实施单位需在已有工作的基础上，全面收集、整理、消化与吸收国内外导师制、教育管理模型、沟通交流等相关领域的最新研究成果与实践经验；深入学习党中央、各部委办有关本科教育、本科生导师制等方面的相关文件与思想；熟练掌握系统分析与评价、调查统计、案例分析、行为事件访谈等基本理论与应用模式，为后续研究提供理论指导。

第二，“导学”结合，注重成效。通过专栏展板、经验交流、网络媒体等途径，加强宣传导师制实施的背景、目的、组织机构、指导思想及实施成效等；成立导师制宣传队伍，印发导师制“导学”指南，师生“导学”流程化；邀请老专家、优秀导师、杰出校友分享“导学”经历和经验，师生共同总结和持续改进“导学”计划，同时定期邀请专家就“导学”方法为师生培训；对导师制实施成效进行总结和宣传，发现不足及时提出相应的对策和措施，予以实践加以验证。

第三，注重过程管理与成果导向。对学生和导师定期评价和考核，对于学生，将导师制执行情况纳入学生评奖评优及入党考察条件，每月检查“本科生导师制记录本”，对长时间不联系导师的学生进行约谈，帮助他们与导师建立信任；对于导师，将导师制执行情况纳入来年招生名额管理，指导学生达不到要求的限制次年招生名额。以“挑战杯”、本科生创新计划、大学生学科竞赛为契机，重点培养在全程导师制中表现优异的师生搭配，加大支持力度，培育大学生在学科竞赛中取得优异成绩，并加强宣传本科生全程导师制的实施成效。

第四，构建师生服务平台与导学载体。构建师生导学“12345”新模式。“1”即一次“拜师”仪式：集体或个性化的拜师仪式，简单而庄重，让导师和学生感受庄重的仪式感，增进师生之间的信任感。以吕鸿声纪念馆为学院导师制教育教学基地，以老先生的求学过程感染学生，以老先生的育人方法启发老师。“2”即两项师生友谊赛：一场体育运动比赛和一场师生趣味运动会，进一步建立师生间的友谊和信任，在师生交流中变被动为主动。“3”即三阶段式导学：针对大一、大二的学生注重引导其学习方法和适应大学生活，对大三和大四上学期的学生注重引导专业学习、科研培养、考研和创新实践，对大四下学期的学生侧重于指导其毕业设计、就业和出国。“4”即“四位一体”考研激励：一是提供考研备考专业指导，如填报志愿、专业辅导等；二是组织开展“五会”，包括考研动员、指导、复试、交流、表彰；三是做好服务育人工作，包括心理减压、情绪释放等；四是积极落实考研奖励激励措施。“5”即“五个一”提高学生综合素质：1 份职业生涯规划，1 次暑期实践活动，1 项课题研究报告，1 份“我和我的导师”成长记录，1 篇毕业设计或论文。

当前，为进一步贯彻习近平总书记在思政课教师座谈会上的讲话精神，落实全员、全过程、全方位育人的“三全”育人模式，生物技术学院将继续以本科生全程导师制为抓手，以“春蚕”精神为引领，以“立德树人”为目标，尊重学生成长成才规律，全院各部门齐抓共管，联合搭建师生服务平台，实施“精准导学”新模式，真正将“教书”与“育人”相结合，促使学生健康成长，进一步完善和发挥导师制的“三全”育人功能。

附件 1：

关于本科生全程导师制实施现状的调查问卷

1. 你是否了解本科生导师制实施的背景与目的？（　　）

A. 不了解

B. 不太了解

C. 比较了解

D. 完全了解

2. 你对本科生全程导师制实施的看法如何？（　　）

A. 非常有必要，且赞同“导师制能为学生的生活、学习和工作等方面提供帮助并产生深远影响”。

B. 有必要，但需要不断完善目前制度。

C. 没必要，导师制流于形式，作用不大，形同虚设。

D. 无所谓。

3. 你对本科生导师制实施效果的评价如何？（　　）

A. 效果优秀

B. 效果良好

C. 效果一般

D. 效果较差

4. 你与导师是否保持密切联系？（　　）

A. 基本不联系

B. 联系不频繁

C. 仅仅满足学院导师制规定的次数

D. 保持密切联系

5. 你与导师每次约谈交流的时间大致多久？（　　）

A. 0~10 分钟

B. 11~30 分钟

C. 31~60 分钟

D. 60 分钟以上

6. 你与导师的联系方式是什么？（　　）

A. 线上联系，如微信、QQ、邮件等

B. 通过电话或短信联系

C. 直接见面

D. 尚未建立稳定的联系渠道

7. 你和导师每学期的交流次数如何？（　　）

A. 0~1 次

B. 2~3 次

C. 4~5 次

D. 5 次以上

8. 你的导师在思想方面对你的帮助如何？（可多选）（　　）

A. 导师在应对困难、挫折和压力方面对你提供了帮助

B. 导师在处理人际关系方面对你提供了帮助

C. 鼓励你参加各种活动　积极入党

D. 导师积极帮你谋划大学生职业生涯规划

9. 你的导师在学习方面对你的帮助如何？（可多选）（　　）

A. 导师能指导你学习方法，使你增长见识，了解了更多专业知识

B. 从导师那里获得并参与项目，提供竞赛指导

C. 导师在你的课程学习和考试方面提供了帮助

D. 导师曾经给你介绍过专业情况

10. 你的导师在生活方面对你的帮助如何？（　　）

A. 从未获得过导师在生活上的帮助

B. 导师帮助你适应了大学生活

C. 导师对你的生活比较关心

D. 导师曾经帮助过你解决生活上的困难

11. 你的导师所在的课题组对本科生全程导师制的重视程度如何？（　　）

A. 很重视

B. 一般重视

C. 很少过问

D. 根本不重视

12. 在你与导师的交流过程中，是谁比较主动？（　　）

A. 导师表现主动，积极引导自己说出心中的想法

B. 导师比较主动，会有所准备，推荐学习资料、书籍等

C. 自己比导师更主动，导师主要以答疑解惑为主

D. 谈不上谁主动，每次都是日常话题随便聊

13. 如果你与导师交流少，甚至至今还没进行一次面对面的

交流，你认为最可能的原因是什么？（多选，不得超过四个，否则无效）（　　）

A. 距离太远，见面不方便

B. 任务重，自主支配时间少

C. 不够主动，希望导师联系我

D. 多次联系不上导师

E. 联系导师没什么作用

F. 没必要找导师

G. 导师常年在国外学习

H. 不清楚导师的联系方式

I. 其他原因

14. 你觉得目前导师制实施过程中存在哪些问题？（多选，不得超过四个，否则无效）（　　）

A. 学生课余时间少，无法保证经常与导师联系

B. 学生缺乏主动性，不能与导师建立信任感

C. 制度要求的指导内容模糊

D. 学院对导师制的鼓励和监督机制不完善

E. 导师太忙，无法按照制度上要求落实

F. 学生对导师制的认识存在偏差

G. 导师制流于形式，缺乏具体的制度保证

H. 导师资源太少

I. 没有固定场所供师生见面

15. 你认为一位导师同时指导几名本科生比较合适？（　　）

A. 1~2 名

B. 3~5 名

C. 6~8 名

D. 8 名以上

16. 你觉得导师最合适的指导方式是什么？（多选，其中 A—C 选一项，D—E 选一项）（　　）

A. 与导师不定期见面

B. 与导师定期见面

C. 需要与导师见面的时候能见到

D. 单独见面

E. 集体见面

17. 你觉得多久与导师交流一次比较合适？（　　）

A. 每月交流一次

B. 每月交流两次

C. 每周交流一次

D. 在学期初与学期末各交流一次就足够

18. 导师选配时，你最看重导师的哪些方面？（　　）

A. 导师的性格爱好

B. 导师的人生经历

C. 导师从事的专业领域

D. 导师的学历

E. 导师的年龄

F. 导师的职称

19. 你希望从导师那里得到以下哪些方面的指导？（多选）（　　）

A. 课程学习方法

B. 学科竞赛或课题申请

C. 学术指导或交流活动

D. 人际关系

E. 心理咨询

F. 生活困难问题

G. 人生成长规划

20. 你实际上从导师那里得到过以下哪方面的指导？（多选）（　　）

A. 课程学习方法

B. 学科竞赛或课题申请

C. 学术指导或交流活动

D. 人际关系

E. 心理咨询

F. 生活困难问题

G. 人生成长规划

21. 为进一步促进导师制的实施，你希望学工办在其中开展哪些工作？（多选）（　　）

A. 邀请导师与学生一起参加文体活动

B. 邀请导师开展学术讲座

C. 联系参观实验室

D. 积极向导师反馈个人情况

E. 协调更换导师

F. 其他

附件 2：

关于本科生全程导师制实施现状的调查问卷（导师版）

亲爱的老师，您好！为更好地了解本科生全程导师制实施的现状和满意度，进一步发挥导师制的育人作用，特设计了下面的问卷，邀请您用几分钟时间帮忙填写这份问卷，答案无对错之分，请根据您的实际想法、做法选择题目所陈述的情况相对照最接近的答案。本问卷实行匿名制，所有数据只用于统计分析请您放心填写。非常感谢您的支持与配合。

您的性别（　　）

A. 男

B. 女

您的年龄（　　）

A. 25~35 岁

B. 36~45 岁

C. 46~55 岁

D. 55 岁以上

您的职称是（　　）

A. 教授

B. 副教授

C. 讲师、助理研究员

D. 助教、研究实习员

E. 其他

1. 您对学院实行导师制的态度如何？（　　）

A. 完全赞同

B. 赞同

C. 基本赞同

D. 不赞同

2. 您认为导师制的工作实施效果如何？（　　）

A. 效果很好

B. 效果一般

C. 效果不好

D. 形同虚设

3. 您赞同学院本科生导师制采用双向选择的方式吗？（　　）

A. 完全赞同

B. 赞同

C. 基本赞同

D. 无所谓

4. 您是否会主动联系学生？（　　）

A. 日常工作繁忙，很少主动联系学生

B. 工作职责要求，会定期主动联系学生

C. 会根据教学和科研等工作时间，合理安排与学生见面的时间

D. 会根据学生的需求，及时安排时间、地点

5. 除了在写毕业论文期间，学生是否会主动联系您？（　　）

A. 会

B. 不会

C. 很少

6. 您平均每学期与学生见几次面？（　　）

A. 0~2 次

B. 3~4 次

C. 5~6 次

D. 6 次以上

7. 您认为学院要求导师面对面指导学生每月不少于两次的合理性如何？（　　）

A. 次数过于频繁

B. 次数合理

C. 次数过少，导致学生主动联系不够

D. 对次数无要求

8. 您觉得带几名本科生较为合适？（　　）

A. 1~2 名

B. 3~4 名

C. 5~6 名

D. 6 名及以上

9. 您与学生常用的交流方式是什么？（　　）

A. 面对面交流

B. 开实验组会

C. 电子邮件

D. 电话、微信、QQ

E. 其他

10. 您认为在大一上学期末选择导师是否合理？（　　）

A. 非常合理

B. 合理

C. 一般

D. 不合理

11. 您是否愿意接受教学、育人工作方面的培训？（包括校内培训和校外培训）（　　）

A. 非常愿意

B. 愿意

C. 不太愿意

D. 不愿意

12. 您对学生进行专业技能指导的频率如何？（　　）

A. 非常频繁

B. 经常

C. 偶尔

D. 从不

13. 您指导学生专业技能的方式是？（多选题）（　　）

A. 亲自指导

B. 定好方向，具体由研究生指导

C. 直接由研究生指导

D. 尚未安排专业技能方面的工作

14. 您对学生进行过哪些指导？（多选题）（　　）

A. 学习方面

B. 生活方面

C. 职业生涯规划

D. 科研能力

E. 社会实践能力

F. 其他

15. 您认为有必要定期进行导师制总结、交流分享吗？（　　）

A. 有必要

B. 没必要

C. 都可以

16. 您认为有必要建立导师奖惩机制吗？（　　）

A. 完全有必要

B. 必要

C. 不必要

D. 完全不必要

17. 您认为导师制实施过程中可以采取哪些奖励措施？(　　)

A. 计入年终考核工作量

B. 在职称评定、年终考核时给予加分

C. 提供必要的工作经费

D. 进行精神奖励、开表彰大会

E. 以奖金、津贴等形式提升导师工作积极性

18. 您认为有必要建立导师评价体系吗？(　　)

A. 完全有必要

B. 必要

C. 不必要

D. 完全不必要

19. 你认为导师制实施过程中的考核评价有哪些？（多选题）(　　)

A. 学生自评

B. 导师自评

C. 导师互评

D. 导师制工作领导小组考核

E. 其他

20. 您认为以下哪些因素可以纳入导师考核评价之中？（多选题）(　　)

A. 导师的日常指导记录

B. 被指导学生的学习成绩

C. 被指导学生的获奖情况

D. 被指导学生的科研情况

E. 被指导学生的心理健康状态

F. 导师制是良心活、不应该设置评价指标使其僵化、不利于导师制实施

21. 您指导的本科生在您的课题组中主要从事哪些方面的工

作？（　　）

A. 在实验室帮忙

B. 独立做实验

C. 参加导师组会

D. 阅读文献并汇报

E. 其他

22. 您在选择学生时主要考虑哪些方面？（　　）

A. 与自己研究方面的匹配性

B. 学习能力

C. 动手实践能力

D. 思维、语言逻辑性

E. 其他

23. 您认为影响导师制工作实效的因素有哪些？（多选题）（　　）

A. 专门的监督和奖励机制的缺失

B. 导师、班主任、辅导员之间的权责不清晰

C. 没有实质性工作内容，操作困难

D. 缺乏培训不知如何开展工作

E. 没有时间指导学生

F. 没有固定的场所开导师会

G. 导师不够热情，不主动

H. 导师太热情，太主动，造成学术困扰

24. 为进一步促进导师制的实施，你希望学工办在其中开展哪些工作？（多选题）（　　）

A. 邀请导师与学生一起参加文体活动

B. 邀请导师开展学术讲座

C. 联系参观实验室

D. 积极向导师反馈个人情况

E. 协调更换导师

F. 其他

第四章　本科生导师制初显成效

一、把好“入学教育关”

（一）本科生导师制强化思想引领，筑牢思政高地

本科生导师制的实施有利于扩大思想政治教育工作队伍。一直以来，高校思想政治教育工作主要依靠学校设置的思想政治理论课来进行，通常以单方面灌输为主要教育方式，内容上也着眼于传授系统的、理论性很强的爱国主义、道德、社会主义核心价值观教育。现在许多高校进行思想政治教育的主要力量是辅导员，而导师制的实施能够进一步拓宽思想政治教育队伍网络，将专业教师纳入思政教育队伍中来。一方面，可以将专业教育和思想政治教育融为一体；另一方面导师可以在专业教学过程中普及一些心理健康教育，在课外也可以通过交流和谈心鼓励学生形成积极的生活态度，乐观面对未来的挑战，缓解因就业、升学、竞争带来的强大压力和心理负担。导师与学生之间这种师生关系能够使学生在遇到困难和挫折时主动与导师沟通寻求帮助，这种方式有助于构建和谐的师生关系，使学生更易于接受教师的建议和指导，导师的人格品质对学生也有着潜移默化的影响和熏陶，从而增强思想政治教育效果。

导师制实施五年来，江苏科技大学生物技术学院领导高度重视本科生导师制体系建设，以习近平总书记在高校思想政治理论课教师座谈会上的讲话精神为指导，以培养“德智体美劳”全面发展的社会主义建设者和接班人为目标，牢牢掌握意识形态工作

领导权，全面提升思政教育质量（见图 4-1、图 4-2、图 4-3）。

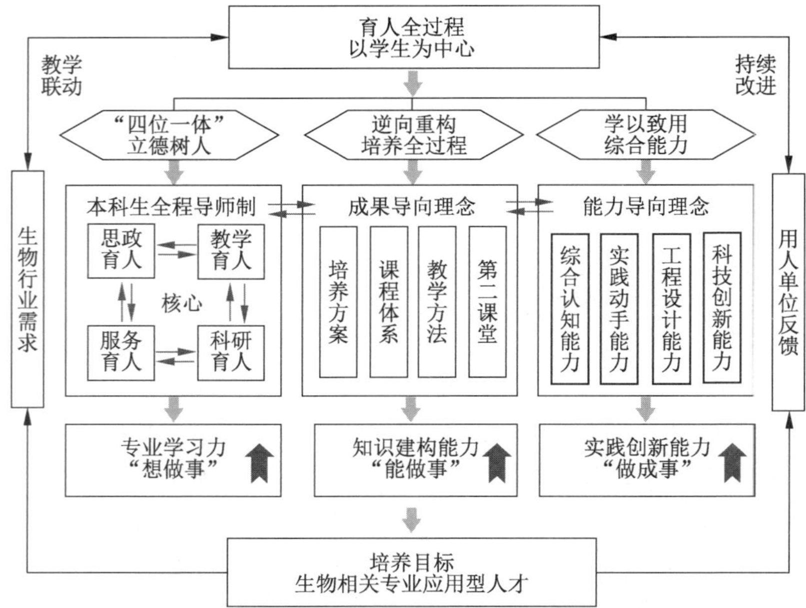

图 4-1　以学生为中心，贯穿育人全过程

图 4-2　邀请纪委书记给全院导师开展专题教育

图 4-3　邀请纪委原书记给全员学生作信仰公开课

学院一直致力于构建和谐的师生关系，积极探讨拉近师生关系的方法和举措。从原先的院领导聘任导师，到现在的新生亲自拜师、送茶和献花；从原来的三尺讲台授课，到现在的师生一起进行乒乓球、羽毛球、篮球比赛，师生之间的距离感显著缩短，导师的责任感、使命感显著增强，学生归属感、认同感显著提高（见图 4-5 至图 4-9）。

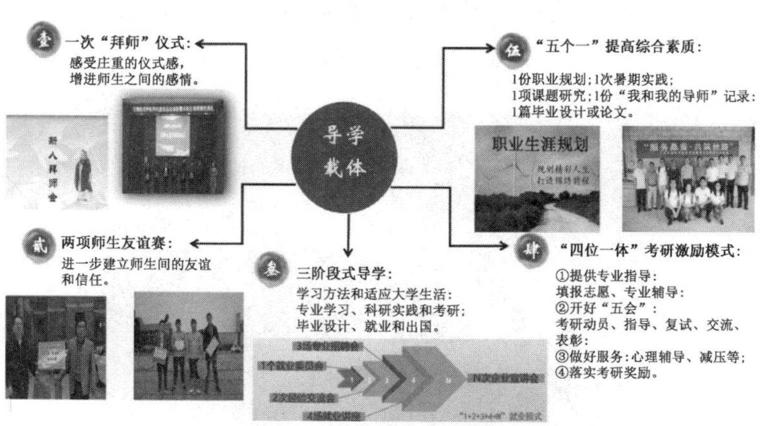

图 4-5　本科生全程导师制新模式研究

图 4-6　新生拜师仪式

图 4-7　学生向导师敬茶

图 4-8　师生乒乓球赛

图 4-9　师生篮球赛

（二）本科生导师制致力于全院全员立德树人

在导师队伍建设上面，学院致力于全院全员立德树人，形成“学业导师+专业导师+企业导师”协同育人模式。

在学业导师队伍建设上面，聘任具有丰富管理经验的专业老师担任学业导师，在管理上形成“辅导员+学业导师+班级干部”育人模式，学业导师多次获得优秀学业导师、优秀班主任称号，其中吴琼英教授的先进事迹得到学校航标灯“我在平凡的岗位上”专栏报道（见图 4-10 至图 4-13）。

图 4-10　学业导师研讨班级管理措施

学业导师指导计划

（2019 年 9月—— 2020年 06月）

（包括指导学生制定学业规划、专业学习、开展科研训练、引导学生树立良好学风等方面。）

第一学年工作计划：

①入学和军训阶段，引导学生养成按时作息习惯以及独立生活和学习意识；

②督促学生加强身体素质锻炼，强身健体；

③协助学院完成本科生导师互选工作，让学生早日接触实验室，锻炼实验技术和科研思维；

图 4-11　学业导师工作计划

关于表彰 2018–2019 学年优秀辅导员、优秀学业导师和优秀班主任的决定

优秀学业导师

牟会荣　　王　娜

优秀班主任

熊　孟

图 4-12　学业导师、班主任受到学校表彰

关于表彰 2018–2019 学年“优良学风班”的决定

生物技术学院（3 个）

1722118011

1722118031

1822118011

图 4-13　优良学风班学业导师风采

在专业导师队伍建设上，学院以本科生全程导师制为依托，以学生为中心，以导师为龙头，以“春蚕”精神为引领，以“立

德树人”为目标，实施“精准导学”，鼓励学生积极参与科技竞赛、社会实践、创新创业大赛等，全面提升学生综合素质（见图4-14 至图 4-21）。

图 4-14　聘任专业导师

图 4-15　师生沟通交流

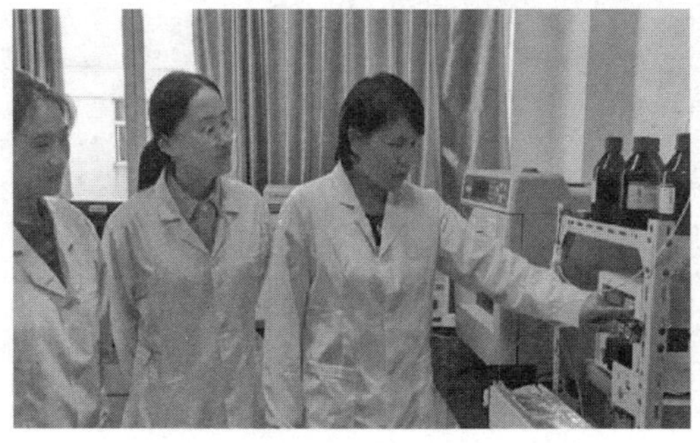

图 4-16　学习科研技能

图 4-17　锻炼实践动手能力

图 4-18　学生参加蚕联盟比赛

图 4-19　学生做学术报告

图 4-20　参加创新创业大赛

图 4-21　参与“挑战杯”竞赛

除了以上两种队伍建设之外，学院还致力于拓宽导师渠道，组织学生“进名企拜名师”，将专业教育从课堂“搬到”校外企业，拜高管、专家等名师为校外企业导师，指导学生专业技术，这种方式成为学生学习专业知识和专业技术的新途径（见图 4-22 至图 4-27）。

图 4-22　走进企业，提升学习实践能力

图 4-23　聘任企业导师，培养应用型人才

图 4-24　邀请企业导师开展学术交流

图 4-25　校企协同育人座谈

图 4-26　暑期走访企业导师

图 4-27　企业导师传授专业技术

（三）本科生导师制助力新生转型，提高专业认同

学院依托本科生导师制，引导学生热爱专业，做实新生转型，重点开展环境适应性教育、学习方式方法转变教育和专业认知教育。学院不断创新新生转型教育形式，如开展新生家访活动，将专业认知教育做到家；进名企拜名师，将专业教育从课堂“搬到”名企，向高管、专家等名师学习专业技术。同时，学院做好“知校爱校”“院长第一课”“专业负责人解读培养方案”“优秀校友面对面”“学长学姐经验交流”等活动，使新生平稳、顺利转型（见图 4-28 至图 4-33）。

图 4-28　书记、院长带队开展暑期家访

有品质的新闻

江苏科技大学：2019新生暑期家访团 入学教育“做到家”

民声湃

08-28 · 关注民生，解读社会热点

（张鹏云 钱平 王琳）雨过天晴，太阳炙烤下的大地如同桑拿房，沿着连
礼包，更是把新生入学教育提前“做到家”。

8月25日至26日，江苏科技大学生物技术学院党委书记张国政、院长李木
连云港、徐州、淮安等地，对28位2019级新生进行了家访，了解情况，答

图 4-29　《人民日报》宣传学院新生家访活动

图 4-30　进名企 · 共发展

图 4-31　院长做“新生专业教育”报告

图 4-32　优秀校友面对面

图 4-33　学长学姐经验交流

（四）本科生导师制夯实学风建设，引领专业教育

学院以本科生导师制为抓手，以专业教育引领新生转型，表彰先进树立学习标兵，夯实符合“00 后”学生特质的学风建设。学院高度重视升学就业，分类培养优秀人才，建立就业“1+2+3+4+N”新模式，联合教工党支部开展考研辅导，教学联动形成人才协同培养机制。

在导师的指导下，学院考研氛围浓厚，考研率一直处于全校前列，年终就业率 100%；奖学金获奖比例和“优良学风班”荣誉称号获得比例在全校名列前茅。科技竞赛方面，在全院导师的大力支持下，学院承办了首届全国大学生蚕桑生物技术创新大赛，学生获奖成果丰硕，进一步提高了学院在蚕桑研究方面的影响力（见图 4-34 至图 4-36）。

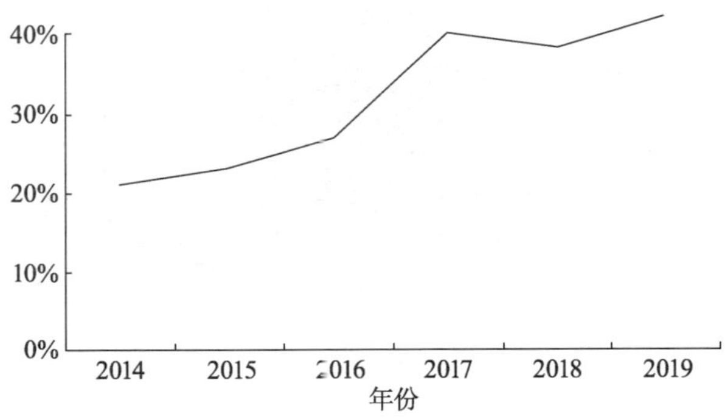

图 4-34　2014—2019 年学院研究生录取率

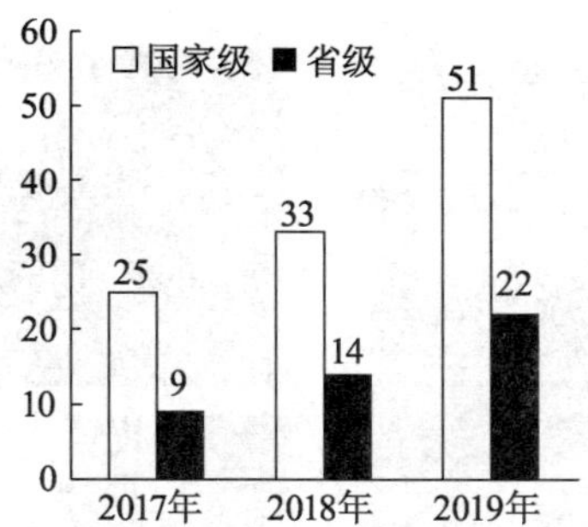

图 4-35　2017—2019 年学生获奖数量显著提升

首届全国大学生蚕桑生物技术创新大赛在江科大开幕

2018-12-01 12:26　中国时间

（张鹏云 王琳）12月1日，在风景秀丽的历史文化名城镇江，“东方紫杯”第一届全国大学生蚕桑生物技术创新大赛在江苏科技大学南校区举行。来自浙江大学、华东师范大学、苏州大学、西南大学、重庆大学等15所高校的71个项目147名研究生、本科生参赛。大赛由设在江苏科技大学的中国蚕学会主办，江苏科技大学承办，句容东方紫酒业有限公司协办。

图 4-36　首届全国大学生蚕桑生物技术创新大赛

（五）本科生导师制反补日常管理，渗透心理教育

全员师生以“抓日常促学风，注重养成教育，维护安全稳定”为目标，贯彻落实“六进三联一交友”“两个文明”行动，在文明宿舍、考风考纪、心理健康疏导等方面做出突出贡献，致力于做学生成长、成才的人生导师和健康生活的知心朋友（见图 4-37）。

图 4-37　扎实推进“师生融合一家亲 六进三联一交友”主题系列活动

学院以“坚韧之美，你我同行”心理健康教育主题为依托，根据学院特色打造“释放压力，破茧成蝶”的心理教育品牌，创建“蚕桑减压小屋”平台，疏导学生压力，增强学生心理韧性、弹性和抗逆力，变被动治疗为主动干预，变单一疏导为全覆盖影响，变小规模教育为全过程关注（见图 4-38 至图 4-42）。

1. 搭建小屋，践行“三全”育人

图 4-38　减压小屋布置温馨

图 4-39　小屋揭牌仪式

图 4-40　国际幸福日

2. 释放压力，助力破茧成蝶

图 4-41　“蚕桑减压小屋”晚会盛况

3. 关注日常，鼓励参与比赛

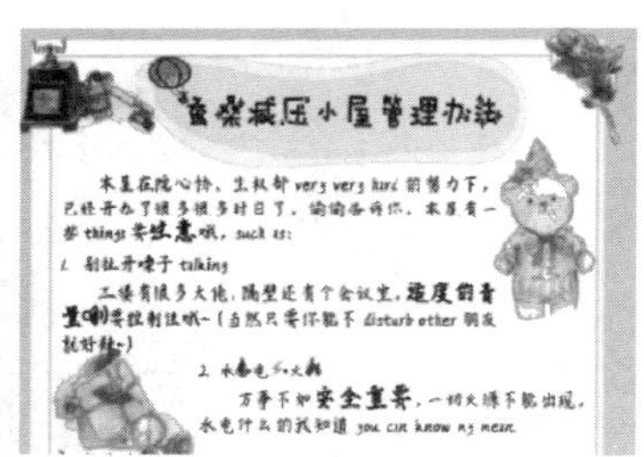

图 4-42　学生积极主动参与“心理”相关比赛，勇创佳绩

（六）全院师生对本科生导师制实施的评价

在前期的问卷调查中，问卷着重设计了两个问题来评价师生对本科生导师制的认可度：一是师生对本科生导师制实施的必要性的评价；二是师生对本科生导师制实施效果的“获得感”。结果如图 3-2 所示：

93%的学生认为有必要实施本科生导师制，认为导师制的实施确实能为自己的学习、生活、科研和社会实践等方面带来帮助；同时，也有 42% 的学生认为导师制还需要不断优化顶层设计，完善相关制度才能达到理想效果。从导师们的角度来看，93% 的导师赞同或者完全赞同本科生导师制的实施，其余导师基本赞同，并无导师不赞同，可见导师制的实施离不开导师们的大力支持。

为此我们还采访了部分同学和导师。正如 A 同学所说："在大一时我参加了学院举行的导师制动员大会，又在学姐的帮助下找到了适合自己的导师，我对导师的研究方向非常感兴趣。在他的指导下，我申请本科生创新计划，开展实验，发表论文，参加科技竞赛，在口头表达和书面表达能力上都有了显著的提高，我的大学生活过得很充实，导师制让我受益终身。"

B 导师在采访时表示："咱们的本科生导师制的确存在不少问题，但是无论从学生、导师还是学院角度来说，都应该继续推行。对学生来说，就算导师们平时与学生交流不多，但是他们只要有问题我们都会解答，而且我们会保持一定的面谈频次和时间，会为学生科创、实验提供指导，我觉得学生或多或少的都有所收获；而从我们导师角度来说，虽然指导学生会花费一些时间和精力，但我们和学生交流的过程也是互相学习的过程，现在的年轻人思维活跃、创新力足，和他们在一起也有利于激发我们的思考；从学院层面来说，本科生导师制有可能成为教学质量的衡量指标，成为吸引生源的一大'利器'，所以我也希望学院能够完善相关制度，提高师生对于本科生导师制的认知和认同感，能够通过这一制度实现多方共赢。"

二、　全面提升综合素质

总体上，本科生导师制的工作开展时间不长，仍然处于调整完善阶段，成绩还不突出，但是确实发生了一些新变化。如师生交流日常化：导师方面，更多的导师开始主动关心、管理学生，主动参与学生学业指导，主动为学生解决就业升学等实际问题；学生方面，学风考风有所好转，研究生录取率明显提升，学科竞赛、社会实践、志愿服务参与率明显提升。

（一）创新引领，促进人才培养

学院成立以院长为主任的大学生课外科技活动专家委员会，出台《江苏科技大学生物技术学院大学生科技创新管理办法》，构建“导师领衔—平台开放—制度建设”培养机制，将“本科生创新计划—导师科研项目—科技创新竞赛”相衔接，创新创业教育成果丰硕。

五年来，本科生承担创新计划100余项（省级以上30余项），参与教师科研项目40余项，发表论文100余篇（其中SCI收录30余篇）。所院2019年首次获得“互联网+”全国大学生创业大赛国际赛道铜奖；连续三年获得全国大学生生命科学创新创业大赛“优秀组织奖”；连续两年获得全国大学生蚕桑生物技术创新大赛“优秀组织奖”；连续三年入选教育部组织的全国大学生创新创业年会；创设的全国大学生蚕桑生物技术创新大赛在西南大学成功举办了第二届，已经成为蚕桑及生物相关专业大学生科技创新品牌活动，被新华社、人民网、凤凰网等媒体报道，得到社会行业高度认可（见图4-43至图4-46）。

图4-43　第十六届“挑战杯”全国大学生课外科技作品竞赛三等奖

图 4-44　学校葛世伦书记参观学生科创作品

图 4-45　第四届全国大学生生命科学创新创业大赛参赛团队

图 4-46　“东方紫杯”第二届全国大学生蚕桑生物技术创新大赛参赛团队

（二）创业拓展，提升综合素质

紧紧围绕创新创业教育人才培养这一核心工作，强化学生的全方位、立体式、全覆盖的创新创业教育人才培养工作，并主动探索以高质量的创新创业竞赛为龙头、以强化创新创业教育实践环节为抓手、以大学生创新创业训练计划为支撑的创新创业人才培养模式。近年来，在导师制平台下，学院创新创业成果进一步凸显。所院坚持使学科、科研、师资、文化等平台、资源服务于大学生创新创业。近年来，学生参与竞赛获全国“挑战杯”大学生课外学术科技作品竞赛一等奖等国家级奖项 6 项、省级奖 6 项；2019 年学校连续两届捧得“挑战杯”竞赛三等奖；2019 届考研录取率达 42.6%；先后获评江苏省优秀本科毕业论文一等奖 2 篇、二等奖 5 篇、三等奖 1 篇及优秀团队 2 个（见图 4-47 至图 4-49）。

图 4-47　创业项目——桦褐孔菌已经落地孵化

图 4-48　创业项目——参加第五届“互联网+”创业大赛

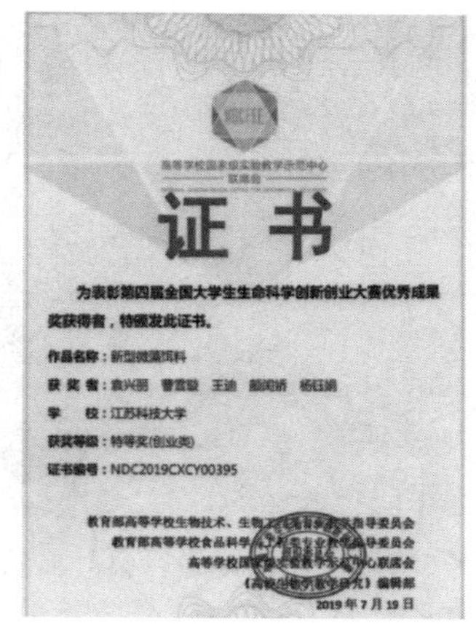

证书

为表彰第四届全国大学生生命科学创新创业大赛优秀成果奖获得者，特颁发此证书。

作品名称：新型微藻饵料

获奖者：[illegible]

学校：江苏科技大学

获奖等级：特等奖(创业类)

证书编号：NDC2019CXCY00395

2019年7月19日

图 4-49 第四届全国大学生生命科学创业大赛特等奖

（三）社会实践，长才干、做贡献

发挥对社会实践的组织引领作用，促使学生在实践中受教育、长才干、做贡献。2019 暑期社会实践被中国青年网、人民网、新华网等国家级报道 12 次。“服务蚕桑 共筑丝路”蚕桑科技支农实践团连续 4 年深入广西蚕区，下农村，进农户，开展科技支农，助力精准脱贫，帮助农民脱贫致富，农民栽桑养蚕亩产收益从2 000 元提高到 3 500 元，实践项目获得江苏省“三下乡”暑期社会实践优秀项目，《广西平果县蚕桑调研报告》获得江苏省暑期社会实践优秀调研报告（见图 4-50 至图 4-55）。

图 4-50 钱平老师给农户及实践团成员讲解养蚕知识

图 4-51　实践团队实地进行桑叶质量调查

图 4-52　经实践团沟通，广西蚕业干部来学校培训

图 4-53　关爱残障儿童实践活动

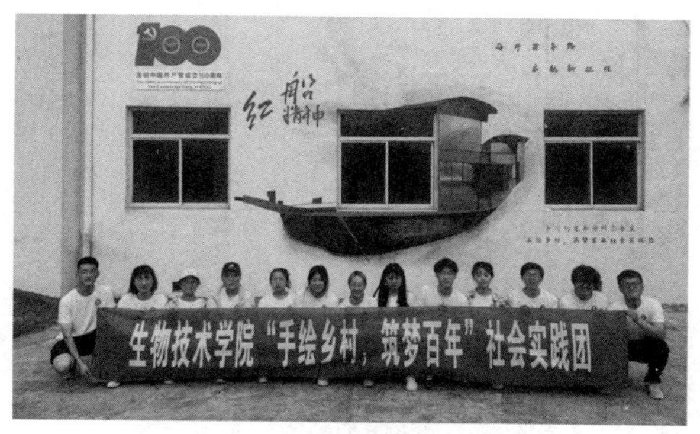

图 4-54 在句容戴庄开展社会实践

图 4-55 红色筑梦实践活动

（四）志愿服务，彰显家国情怀

开展阳光助残行动、敬老“暖阳行动”、关爱农村留守儿童活动、医务志愿服务，与镇江市消防救援支队润州区大队联合成立“蓝盾消防志愿者宣传站”，开展消防志愿宣传。2019 年，学院累计开展志愿服务活动 26 次，累计参与人数达 300 余人次，累计志愿服务时长超过 3 000 小时。大型志愿服务项目“光阴的故事”——百名大学生对话百位老人成果新书正式发布，学院荣获 2019 年校志愿服务先进集体（见图 4-56 至图 4-61）。

图 4-56 《光阴的故事》新书发布

图 4-57 《光阴的故事》书影

图 4-58 司徒镇银海窑厂幼儿园关爱留守儿童实践

图 4-59　社区消防安全志愿宣传活动

图 4-60　和老区儿童共绘美丽世界

图 4-61　带领小朋友开启科学之旅

三、 社会反馈

实施本科生导师制以来，生物技术学院已取得一些成效，学院通过家访、调研及走访等形式对学生家长、毕业校友及用人单位进行全面了解，评估、评价导师制的效果与作用。

（一）家长反馈

为了更好地让家长了解本科生导师制，获取家长对导师制的评价，导师家访团利用寒暑假走访调研 40 余个家庭。导师们向家长详细介绍学生在大学的生活、学习情况，以及相关专业的就业前景等问题，对相关专业的具体历史也进行了更加详细的叙述。导师们专业的讲解加强了学生和家长对相关专业的肯定。

1. 专业个性化培养

学院通过家访团引导家校沟通交流。学院本科生导师向家长和学生全面介绍自己的研究领域与科研方向，得到家长的认可。师者传道授业解惑，导师的指导不仅仅是学业上的，同时在为人处事、沟通交流、生活态度等方面也发挥着立德树人的作用。通过部分家长反馈，相较于高中时期的封闭教育，学院本科生全程导师制实现了个性化教育，学生找到了自己与导师研究方向中共同的兴趣点，通过兴趣激发探索。

2. 提升综合实践能力

家长认为导师与学生经常见面交流，不仅仅在学业方面，更重要的是在思想动态方面，能及时帮助学生健全心理素质，树立正确的人生观和价值观，形成健康向上的职业观念。学院本科生导师制不但弥补了日常教学的不足，而且能够提高学生的语言表达能力、沟通能力和组织管理能力，全面提升了学生的综合素质。

3. 指导就业生涯规划

大多数学生入学后，对自己未来的人生目标和所要学习的具体知识不是很清楚；学生的迷茫增加了家长的担忧，大学学什么，怎么学，出路在哪里，这些问题常常困扰家长。本科生导师制恰好解决了家长的担忧，导师制的直接引导与帮助能够让学生更快地了解专业背景，激发学生的学习兴趣和热情，并通过布置的项目和产品来引导学生学习专业知识，提高自我学习能力和实践能力。

（二）校友反馈

产品好不好，使用者最清楚。针对本科生导师制的效果，学院对近 15 年毕业的校友进行了线上问卷调查。共回收问卷 342 份，剔除漏填及不符合实际的问卷，有效问卷 330 份，样本有效率为 96%，调查样本的基本特征如表 4-1 所示。被调查的人员男女比例相近；学历以本科毕业居多，其次为硕士研究生；在工作年限方面，近 5 年毕业工作的校友占调查群体的主体地位。

表 4-1　毕业生调查基本特征表

项目	类别	比例
性别	男	54.55%
	女	45.45%
学历	本科	72.73%
	硕士	24.24%
	博士	3.03%
工作年限	5 年	72%
	5~10 年	19%
	10 年以上	9%

学院对毕业生现工作单位的工作岗位、工资待遇、工作条件、能力发挥、人际关系、发展前景及总体情况的满意程度进行调查。调查对象的所述企业类型均与在校就读专业相匹配。结果如图 4-63 所示，超过 70%的毕业生对现阶段的工作处于满意或很满意的状态，认为专业归属感较高。在能力发挥统计中，近 97%的毕业生能够将在校所学专业知识发挥，并认为相关专业发展前

景较好，愿意在该领域继续发展。

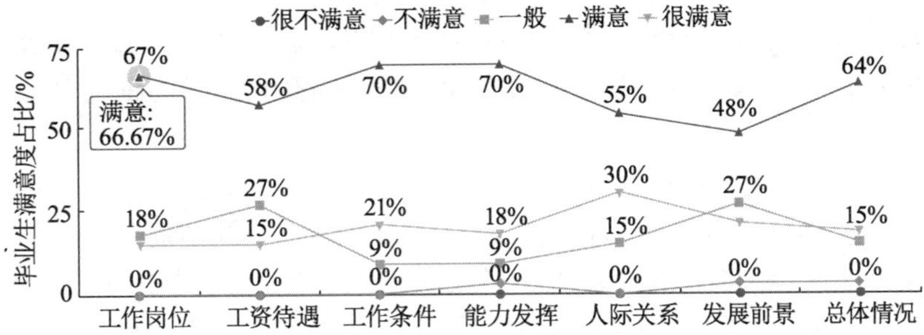

图 4-63　毕业生对现单位各项条件满意度占比图

此外，毕业生对母校师资力量、使用教程、课程设置、职业教育及人文教育进行了反馈。根据调查显示，94%的毕业生认为学院师资力量雄厚，其中 36%的毕业生很满意学院教师的教育，其中本科生导师制占据了重要地位。调查结果显示，本科生导师作为学生的导师，无时无刻不影响着学生，关心着学生（见图 4-64）。

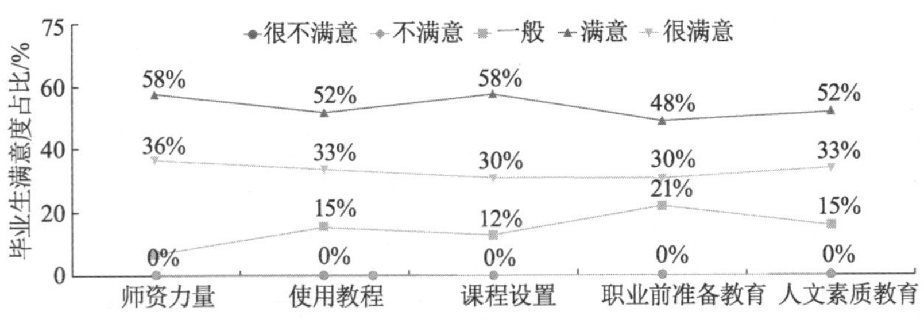

图 4-64　毕业生对母校各项条件满意度占比图

调查对导师的责任心、专业水平、道德品格和文化素养进行考核、考量，毕业生对本科生导师制的评价为基本满意，结果如表 4-2 所示。就目前而言，尚无学生反馈或举报导师不负责任或存在品格败坏现象。在专业水平、文化素养方面，对于申请参加导师制的教师，学院优先挑选优秀教师，以帮助学生更好地接触科研试验，帮助学生建立爱学乐学的学习氛围。

表 4-2　导师各项满意度评价表

项目	满意	一般	不满意
责任心	82%	12%	6%
专业水平	90%	10%	0
道德品格	91%	9%	0
文化素养	86%	11%	3%

同时，毕业生也对本科生导师制提出了一些建议。学院的本科生导师制目前实施的方案是大一第一学期进行导师双选，为期四年。这对于懵懂的大一新生有一些不合理。大一新生刚进学院，即使在有导师简介的情况下，学生盲目选择导师的情况也会频频发生，一旦学生对于老师的研究方向不感兴趣，这种“供需错位”便会导致学生产生消极抵抗的情绪，因此，毕业生建议高年级增加导师微调或双导师制。目前，根据毕业生的建议，学院已在逐步改善本科生导师制“一选定终身”的缺点，致力于更好地完善本科生导师制，为学生谋划更好的大学生活。不仅如此，在接受毕业生建议的同时，学院也在根据历年实践的探索和经验，不断改正和完善本科生导师制，本科生导师制正在越来越好。

（三）用人单位反馈

为了进一步了解用人单位对于学院本科生导师制的评价及认可程度，学院多次深入校企合作单位进行就业回访工作。2019 年 8 月 1 日，学院成立校企合作走访工作组，工作组走访了镇江大学科技园的江苏金斯瑞生物科技有限公司、镇江爱必梦生物科技有限公司、无锡药明生物有限公司、上海药明康德集团、连云港恒瑞医药有限公司和海安鑫缘茧丝绸有限公司等多家企业。回访过程中，工作组通过参观、座谈、问卷等形式，重点了解学院毕业生对工作岗位的适应情况、能力运用情况、就业满意度，校友及企业对学院专业设置、职业教育，以及就业服务和工作的意见及建议，以不断提升学院办学和就业服务质量。在与企业人力资源部负责人访谈的过程中，江苏金斯瑞公司的人事经理卢占伟认为学院本科生导师制的实施提高了毕业生的科研能力和专业素养，在保障毕业生质量、增进校企合作交流等方面起到了积极的推动作用。

此外，学院与海安鑫缘茧丝绸有限公司开展联合培养，聘请企业导师联合培养，为有定向就业意向的学生量身打造培养方案，提升本科生的就业能力，增进校企合作协同培养，有效地解决了就业难、就业慢的难题。海安鑫缘茧丝绸有限公司联合培养导师孙道权认为通过本科生全程导师制联合培养的学生就业能力有保障、专业素养强，为公司输送了一批又一批的专业人才（见图 4-64 和图 4-65）。

图 4-64　校企合作走访工作组走访无锡药明生物有限公司

图 4-65　企业导师聘任暨拜师仪式

附录　江苏科技大学生物技术学院优秀校友信息

刘东明，男，2015 年毕业于江苏科技大学生物技术专业，现为镇江市京口区纪委监委派驻区政府办纪检组副组长。在校期间曾获得优秀毕业生特别奖、市优秀共青团员、校优秀共产党员、优秀学生干部等荣誉。2015 年 8 月起选聘为江苏省大学生“村官”三年。他希望：“青年时代的笃学明德会与未来的经世致用相连接，助力我们每个人做好大历史中的小人物，希望今天的江苏科技大学人站在更高的视野里，做面向世界的现代青年人。此外，期待母校与地方加深合作，让青年学生在校期间能够获得更多的社会实践经验；希望学生社团要用青年人的青春激情融合高雅情操，开展更多更积极向上的文化艺术体育活动；希望母校共青团做好学生干部的培养与塑造。作为曾经的学生干部，我深刻认识到学生组织的青年骨干们最容易在互相的交流中滋生官气俗气匪气和自己臆想的社会风气，这都是不利于他们个人成长和社团建设初衷的。最后，建议母校更加关注青年大学生的心理健康问题，做好青年学子心理压力疏导工作。”

夏宇豪，男，2018 年毕业于江苏科技大学生物工程专业。现为句容市丁庄万亩葡萄专业合作联社党委副书记、管理支部书记。在校期间曾获得校优秀共青团员、暑期社会实践先进个人、优秀学生干部等荣誉。他希望：“同学们可以肩负兴农报国使命，为实现自我高质量发展矢志奋斗。希望母校重点突出，均衡发展。祝江苏科技大学发展得越来越好！”

王婷婷，女，2015 年毕业于江苏科技大学生物技术专业。现于南京农业大学攻读博士。曾获 2013 年江苏省大中专学生志愿者暑期文化科技卫生“三下乡”社会实践活动“十佳使者”、江苏科技大学第十一届“十佳青年学生”、2013—2014学年度江苏省“省级优秀学生干部”等荣誉。2015年通过保研至南京农业大学资源与环境科学学院植物营养分子生物学专业。她希望：“学弟学妹们乘风破浪，满怀希望砥砺前行，在这么温暖有朝气的学院里绽放自己的青春光彩！祝愿蚕研所生物技术学院越来越好，活力四射，朝气蓬勃，培养出一批又一批的人才！相逢于母校，相交于梦想。我的人生在此起航。我也时刻怀念在母校学习的那段美好时光。在母校短短四年，留下了许多美好而珍贵的回忆。校友是母校的名片，母校是校友的港湾。祝愿母校再创辉煌。”

郑彩云，女，2018年毕业于江苏科技大学生物学专业。现于西北工业大学生命学院攻读博士。曾获2018年优秀毕业生等荣誉。2018年7月至2019年1月任上海三优股份有限公司研究员，2019年考取西北工业大学生命学院生物医学工程专业博士。她希望：“学弟学妹学业蒸蒸日上，老师们身体健康，工作顺利，学院学科建设越来越好！祝学校年年桃李，岁岁芬芳！百年树人，共创未来！”

乐文俊，男，2011年毕业于江苏科技大学生物工程专业。现为同济大学、上海市东方医院副研究员。曾获得志愿者服务先进个人、三好学生、人民奖学金、优秀本科毕业论文、校长奖学金等荣誉。2016年1月于Wake Forest University做访问学者，2017年攻读同济大学博士后。他希望：“同学们脚踏实地，仰望星空。笃学明德、经世致用，是经得起实践考验的伟大校训。传承培育‘德’‘学’兼备的江科大人，方可铸就江科大的长青基因。”

参考文献

[1] 沈文钦.纽曼博雅教育学说的历史渊源[J].高等教育研究,2009,30(06):32-37.

[2] 徐越湘.论博雅教育中的音乐教育价值[J].艺海,2009(03):86-87.

[3] 吴锵.从博雅教育、通识教育到人文素质教育——兼论理工科大学的人文素质教育[J].南京理工大学学报(社会科学版),2004(02):71-75.

[4] 陈宪恩,牛蒙刚."苏格拉底法"探析及其现代意蕴[J].成才之路,2010(18):19-20.

[5] 姜国钧.《高等教育何以为"高"——牛津导师制教学反思》镜诠[J].大学教育科学,2012(05):119-124.

[6] 赵勇,赵婷,黄琦.建立有北京城市学院特色的本科生学术导师制度——牛津大学本科生导师制的启示[J].经济研究导刊,2013(03):310-311.

[7] Ted Topper, David plfreyman,2000. Oxford and the Decline of the Collegiate Traditian[M].London:Woburn Press.

[8] 王兰香.分类分段的本科生导师制探索——以南京晓庄学院为例[J].现代教育科学,2015(07):140-143.

[9] 杨庆伟.牛津大学本科导师制及其对我国高校实施本科导师制的启示[J].西部素质教育,2018,4(16):160-161.

[10] 杜智萍.牛津大学本科生导师制教学模式探析[J].大学教育学,2006(06):50-53.

[11] 王忠堂.牛津大学的学院制和导师制及对我们的启示[J].教

育教学论坛,2012(01):13-15.

[12] 刑雅鑫. 先秦教学文献中的教育思想研究[D].武汉:华中师范大学,2018.

[13] 刘蓉.中国古代书籍制度[J].华夏文化,1996(04):38-39.

[14] 许艳丽,李文.英国学位学徒制及其启示[J].高教探索,2018(10):43-49.

[15] 卜叶蕾.思想政治教育视域下本科生导师制实施及对策[J].北京教育(德育),2018(11):55-58.

[16] 嵇小怡. 高校本科生导师制学生管理模式的研究与实践[D].上海:华东师范大学,2006.

[17] 曾凡东,卢秉利,燕霞.本科生导师工作评价指标体系及构建[J].湖南文理学院学报(社会科学版),2004(06):96-98.

[18] 田慧.浅议竺可桢德育观[J].青年时代,2019,000(008):139-141

[19] 曹玮玮,苗沂,张湖锡.基于导师制的教学管理方法创新——以浙江大学城市学院为例[J].高等工程教育研究,2010(S1):92-94.

[20] 高静,宋昊天,代瀚锋.本科生导师制实施状况调查研究——以北京大学为例[J].北京教育(德育),2018(06):20-23.

[21] 叶俊飞. 南京大学“大理科人才培养模式”研究[D].南京:南京大学,2014.

[22] 代姗. 南京大学本科生导师制调查研究[D].南京大学,2016.

[23] 郭莎莎. 本科生导师制实施现状、问题及对策研究[D].石家庄:河北师范大学,2016.

[24] 王贝,冯丽娟.本科生导师制实施平台建设论析[J].教育教学论坛,2018(31):15-17.

[25] 韦耀东,邓如平,黄丽.实施本科生导师制培养创新型人才[J].西北医学教育,2007(06):1002-1003.

[26] 刘月秀,谭仕林,徐正春.本科生导师制的实践与探索[J].黑龙江高教研究,2005(08):115-117.

［27］王雪萍. 我国普通高校实施本导制的问题与对策研究［D］.淮北:淮北师范大学,2017.

［28］北京大学哲学系外国哲学史教研室.西方哲学原著选读(下卷)［C］.北京:商务印书馆.

［29］韩延明.理念、教育理念及大学理念探析［J］.教育研究.2003,9.

［30］加林著,李玉成译:意大利人文主义［M］.北京:生活·读书·新知三联书店,1998.

［31］J·H·纽曼.大学的理想［M］.杭州:浙江教育出版社.2002(6).

［32］刘连环等. 本科生导师制探索与实践［M］.北京:中国财政经济出版社,2018(6).

［33］约翰·亨利·纽曼.大学的理想［M］.杭州:浙江教育出版社,2001.

［34］杨培珍.约翰·亨利·纽曼的自由教育思想简论［J］.盐城师范学院学报(人文社会科学版),2005(04):126-128.

［35］http://wenda.so.com/q/1371537270069959.

［36］沃特·梅兹格.美国大学时代的学术自由,李子江、罗慧芳译.北京:北京大学出版社,2010.

［37］黄云. 自由教育理念下的本科生导师制度设计［D］.南昌:江西师范大学,2012.

［38］大卫·帕尔菲曼.高等教育何以为“高”——牛津导师制教学反思［M］.北京:北京大学出版社,2011.

［39］何志武.人本主义教育理论的主要观点及其应用［J］.重庆科技学院学报(社会科学版),2010(11):181-187.

［40］付轶. 我国大学本科生导师制研究［D］.华中师范大学,2013.

［41］教育部人事司.教育心理学考试大纲［Z］,北京:北京师范大学出版社,2008(07):13-14.

［42］王妍妍. 我国高校实施本科生导师制的管理研究［D］.福州:福建师范大学,2011.

[43] 袁振国.当代教育学[M].北京:教育科学出版社,2004.
[44] 霍力言,多元智力理论及其对我们的启示[J].教育研究,2000(9).
[45] 卢现祥.新制度经济学[M].武汉:武汉大学出版社,2004.
[46] 程恩富,胡乐明.新制度经济学[M].北京:经济日报出版社,2004:194-195.
[47] 谭庆刚.新制度经济学导论—分析框架与中国实践[M].北京:清华大学出版社,2011(10):181-182.
[48] 卢现祥.新制度经济学[M].武汉:武汉大学出版社,2004:171.
[49] 张雪征.我国研究型大学本科生科研型导师制实证研究[D].沈阳:东北大学,2013.
[50] 曾凡东.对实行本科生导师制的思考[J].当代教育论坛,2004(10):78-79.
[51] 靖国安.本科生导师制:高校教书育人的制度创新[J].高等教育研究,2005(05):80-84.
[52] 陈高扬.本科生导师制是培养创新人才的有效模式[J].中国高等教育,2001(21):43.
[53] 刘加玲.中国高校本科生导师制实施的问题与对策研究[D].扬州:扬州大学,2019.
[54] 薛毅.思想政治教育视野下本科生导师制研究[D].上海:华东师范大学,2012.